Gert Böhm · Johannes Pausch

Auf zum guten Leben!

Fasten wie im Kloster

Mit Fotos von
Christina Maria Anzenberger-Fink
und Toni Anzenberger

:STYRIA

ISBN 3-222-13144-9

Verlag Styria im Internet: www.styriapichler.at

Fotos: © Christina Maria Anzenberger-Fink
und Toni Anzenberger
Foto Seite 124: Gerhard Trumler
Umschlag- und Buchgestaltung: Bruno Wegscheider

Reproduktion: Pixelstorm, Wien
Druck und Bindung: Medienfabrik, Graz
Printed in Austria

Inhalt

Der Sinn des Fastens

Fasten mit Leib und Seele – wie im Kloster

Das vorliegende Buch über Fasten mit Leib und Seele ist eine Anleitung zum guten Leben. Es unterscheidet sich von anderen Diätbüchern dadurch, dass sie keine Hungerkur oder einen Diätplan mit allerlei Rezepten empfiehlt, sondern den Menschen dazu verhilft, das eigene Leben, das Denken, Fühlen und Verhalten mehr in den Blick zu nehmen. Aus dieser bewussten Wahrnehmung und Aufmerksamkeit kommt die Kraft zur Neugestaltung und Veränderung. Das Ziel ist eine neue Perspektive und die Freude am Leben.

Der Fastende soll am Ende mit Freude am genussvollen Essen zum Leben zurückkehren.

Das Buch beschreibt die 40 Tage der Fastenzeit vom Aschermittwoch bis zum Ostersonntag – und zusätzlich die Osterwoche bis zum Weißen Sonntag als allmähliche Rückkehr des Menschen in die Fülle des Lebens.

Es geht um die sinnvolle Gestaltung dieser Fastenzeit für das ganze Leben.

Das Buch gibt die Möglichkeit, dass man sich mit ganzheitlichem Fasten auseinander setzt – ein Prozess, der sowohl dem Leib als auch der Seele gut tut. Selbstverständlich sind unsere Empfehlungen auch für jene geeignet, die außerhalb dieser christlichen Fastenzeit fasten wollen oder einen kürzeren Zeitraum bevorzugen.

In einer Einführung wird im Buch der grundsätzliche Sinn des Fastens erläutert – und die wichtigsten Fastenmethoden werden kurz vorgestellt. Dann wird ganz konkret der Tagesablauf eines Fastenkurses im österreichischen Benediktinerkloster Gut Aich (am Wolfgangsee) beschrieben.

Zum Prozess des Fastens gehört natürlich auch das Abfasten, also der allmähliche Übergang zum Essen und die Rückkehr ins normale Leben.

Im Hauptteil des Buches geht es dann um die 40-tägige Fastenzeit und um die Osterwoche – mit Leitgedanken für jeden Tag und für jede Woche, mit meditativen Texten oder Vorschlägen für Körperübungen, mit wörtlichen Zitaten von Fastenden und mit kurzen Gebeten. Das Buch soll den Menschen durch die gesamte Fastenzeit begleiten – jedem einzelnen Tag ist ein eigenes Thema gewidmet, mit

dem sich der Fastende auseinander setzen kann. Jesus selbst hat nie eine bestimmte Fastenmethode empfohlen, aber er hat ganz sicher selbst gefastet und dabei alle Schwierigkeiten, zum Beispiel die Versuchungen durch Macht, Ehrgeiz und Selbstvergöttlichung, erlebt und bewältigt. Und er hat am Ende seines Fastens eine Gotteserfahrung gemacht, die sein Leben veränderte.
Er wurde als „Fresser und Säufer" beschimpft und getadelt, weil seine Jünger nicht fasteten. Er antwortete seinen Kritikern: „Können die Hochzeitsgäste fasten, so lange der Bräutigam bei ihnen ist? Es werden aber Tage kommen, da wird ihnen der Bräutigam genommen und dann werden auch sie fasten."
Es ging Jesus nie um das Fasten als Diätkur oder Abmagerungsübung, sondern immer um eine bewusste Lebensgestaltung und um eine tiefe spirituelle Gotteserfahrung.
Dass Fasten dabei hilft, hat er selbst erlebt und bezeugt. Wenn er von Umkehr und Glauben gesprochen hat, meinte er eine bewusste Abkehr von lebenszerstörendem, lebensverneinendem Denken und Verhalten sowie eine bewusste Hinwendung zu Gott.
Daraus entwickelt sich dann das bewusste, verantwortliche Verhalten zu sich selbst, zu anderen Menschen und gegenüber Gott. Mit dieser Form des Fastens beschäftigt sich unser Buch. Es ist deshalb eine Anleitung zum Fasten – mit dem Ziel einer bewussten Veränderung des Lebens in allen Bereichen. Das Fasten an sich, also die bewusste Reduktion von Essen und Trinken, ist dabei nur ein wichtiger Teil dieses Veränderungsprozesses.
In diesem Sinne wird Fasten zu einem lang andauernden Erfolg, weil alle Lebensbereiche angesprochen, durchgearbeitet und verändert werden.

Bewusstes Fasten mit Leib und Seele will

- bewusstes Fasten mit Leib und Seele
- zu einer neuen Lebensgestaltung motivieren
- eine Veränderung der Einstellung zu sich selbst, zu anderen Menschen und zu Gott bewirken
- die bewusste Bejahung des eigenen Körpers als Sitz der Seele
- keine einseitigen Übertreibungen oder Gewaltmaßnahmen
- Hilfestellung sein, das alltägliche Leben sinnvoller zu gestalten
- Gesundheit an Leib und Seele fördern
- die Gottesbeziehung des Menschen entwickeln
- weg von den Menschen verachtenden Diätplänen und Hungerkuren
- spirituelle Erfahrungen mit dem Leib gestalten und ermöglichen
- Leib und Seele durch einen neuen Rhythmus in Bewegung bringen
- Essen und Trinken als eine spirituelle Erfahrung vermitteln und somit ungesundes, maßloses Essen reduzieren und vermeiden helfen
- die Bereitschaft fördern, das Leben miteinander zu teilen.

Fasten: dem Leben eine neue Richtung geben

Fasten wird oft verwechselt mit einer Hungerkur, bei der sich die Leute durch Tage, manchmal sogar durch Wochen hindurchquälen, um ein paar Kilo abzunehmen. In Zeitschriften und Büchern werden uns solche Kuren schmackhaft gemacht. Am Ende haben die Menschen tatsächlich ein paar Pfund abgenommen, aber es dauert in der Regel nicht lange, dann steigt das Körpergewicht langsam, aber stetig wieder an. So sind die meisten Fastenkuren eine Schinderei ohne dauerhaften Erfolg. Die christliche Fastenzeit, die am Aschermittwoch beginnt, unterscheidet sich von diesen Hungerkuren grundsätzlich. Denn Fasten im christlichen Sinn hat ein spirituelles Ziel: Es will den ganzen Menschen erfassen, also sowohl den Körper als auch die Seele und den Geist. Beim Fasten macht der Mensch die Erfahrung von Leben, Tod und Auferstehung – und regeneriert sich.

In fast allen Religionen, in den großen Weisheitslehren und bei den meisten Naturvölkern gibt es eine jährlich wiederkehrende Fastenzeit, weil sie offenbar den Menschen gut tut. Sie reduziert nicht nur das Körpergewicht, sondern fördert das geistig-seelische Wohlbefinden des ganzen Menschen. Wer nur ein paar Pfunde abnehmen will, hat den tiefen Sinn des Fastens nicht verstanden. Extreme Hungerkuren, das weiß man heute, nützen nichts. Die 40-tägige Fastenzeit vom Aschermittwoch bis Ostern ist für den Menschen eine Chance, sein Leben einmal sehr bewusst zu beachten. Dabei muss man nicht ganz aufs Essen verzichten, sondern kann es bewusst reduzieren. Es geht beim christlichen Fasten um andere Ziele als bei den vielen Diäten, die in Zeitschriften und Büchern empfohlen werden: nämlich um die Revitalisierung von Körper und Seele. Jeder soll sich in dieser Fastenzeit über das normale Maß hinaus in seinem Leben zurücknehmen – so kann er auch im Verzicht Freude spüren.

Früher haben die Mönche in den 40 Tagen vor Ostern nur ein einziges Mal am Tag richtig gegessen. Abends nahmen sie lediglich noch eine kleine Stärkung zu sich – ein Stück Brot und ein Getränk. Für sie war Fasten nur ein sinnvoll reduziertes Essen. Die klösterliche Tradition kennt aber noch zwei weitere Formen des Fastens, die für manche vielleicht Anregungen sind, um in gemäßigter Form an der jährlichen Fastenzeit vor Ostern teilzunehmen.

Eine dieser klösterlichen Methoden ist das tägliche Fasten, wie es heute als *dinner cancelling* empfohlen wird. Dabei nimmt der Mensch während eines 24-Stunden-Tages zwölf Stunden lang gar kein Essen zu sich. In dieser Zeit wird der Körper vollständig entlastet. Die meisten lassen beim *dinner cancelling* das Abendessen ausfallen (daher auch der Name). Statt einer späten Mahlzeit soll man nur Tee trinken, dann fällt die Zwölf-Stunden-Phase ohne Essen genau in die Schlafzeit

– und mit dem Frühstück endet die Fastennacht. Eine andere Methode, die der heilige Benedikt seinen Mönchen empfiehlt, ist das so genannte „Wochenfasten“: An zwei Tagen in der Woche soll man weniger essen. Welche zwei Tage man dafür auswählt, ist jedem selbst überlassen – nach Ansicht von Benedikt eignen sich dafür besonders der Mittwoch und der Freitag. Doch auch an diesen beiden Tagen muss man nicht völlig aufs Essen verzichten, sondern soll es lediglich reduzieren. In den Klöstern wurde üblicherweise am Tag zweimal gegessen – und am Fasttag gab es nur eine Mahlzeit. Heute ist es wahrscheinlich bequemer, an so einem Tag insgesamt nur die Hälfte zu essen – es hat den gleichen Effekt.

Fasten ist zwar nur eine vorübergehende Einschränkung, aber man sollte diesen Verzicht einmal aus einem anderen Blickwinkel sehen: Er ist nämlich nicht nur eine Beschneidung, sondern öffnet dir das Tor zu einer neuen Chance im Leben. Im Fasten macht der Mensch tiefe und neue Erfahrungen, die für seinen Leib und seine Seele gut sind. Dabei werden die meisten gängigen Lebenskonzepte auf den Kopf gestellt – und der Mensch begreift, dass weniger oft mehr ist und dass in jeder Reduzierung eine Chance liegt. Denn Fasten löst im Menschen einen Prozess aus, der nicht nur den Leib, sondern auch die Seele erfasst.

Beim Fasten macht der Mensch eine Verlusterfahrung: Er nimmt weniger zu sich, leistet also Verzicht – und erlebt am Ende der Fastenzeit die Auferstehung. Fasten ist dabei nicht beschränkt auf die reine Essensreduzierung, sondern kann auch Verzicht in vielerlei Formen sein – auf bestimmte Annehmlichkeiten, vorübergehend vielleicht aufs Rauchen, aufs Reden, auf die Erfüllung eines bestimmten Kaufwunsches, aufs abendliche Ausgehen. Manche verzichten sogar auf ihre Bewegungsfreiheit und ziehen sich, zum Beispiel, für ein paar Tage in die Einsamkeit einer Klosterzelle zurück. Immer häufiger setzt sich bei uns auch eine Form des Fastens durch, in der man zwischen Aschermittwoch und Ostern auf Fleisch und Alkohol, vielleicht auch auf Naschereien verzichtet, ansonsten aber ganz normal isst und trinkt – es gibt viele Möglichkeiten des Verzichts.

Wenn man sich ganz bewusst dem Verlust aussetzt, lernt man ihn zu spüren. Auf diese Weise kann der Mensch Verlusterfahrungen einüben, denen er im normalen Leben gerne aus dem Weg geht, egal ob es eine Verlusterfahrung ist, weil eine Beziehung zerbricht, weil das Geld an der Börse halbiert worden ist, weil die Gesundheit schwindet oder weil man vielleicht den Arbeitsplatz verloren hat.

Verlust wird heute meist als Schwäche empfunden. In Wahrheit gehört der Verlust zum Leben – mehr noch: Ohne Verlusterfahrungen kann sich der Mensch gar nicht entwickeln.

Viele registrieren in unserer Gesellschaft zwar die

Wachstumsprozesse sehr aufmerksam – mehr Geld, größeres Ansehen, Erfolge in Beruf und Sport – , aber die Verluste werden gerne übersehen. Jeder Mensch verliert irgendwann seine Kindheit, seine Jugend und sein Erwachsensein, wenn er alt wird. Er verliert Zähne und Haare, seine Kraft schwindet, Mitte 60 ist sein Berufsleben zu Ende. Im Laufe der Jahre erlebt er den Tod der Eltern, es sterben Freunde, vielleicht die eigenen Kinder, der Partner verlässt ihn, Beziehungen enden, der Mensch ändert seine Einsichten. Das ganze Leben besteht ununterbrochen aus Verlusterfahrungen – immer wieder muss sich der Mensch damit abfinden, dass er sich von lieb gewordenen Dingen trennt. Und die letzte große Verlusterfahrung trifft ihn, wenn er sein irdisches Leben verliert.

In unserer Gesellschaft wird gerne von Erfolgen gesprochen, von Wachstum und Fortschritt, aber von Verlust redet kaum jemand. Offenbar wird Verlust als ein Makel betrachtet. Aber das ist falsch.

Wer Verluste permanent vermeiden will, weil er sie als etwas Negatives ansieht, kann auf Dauer nicht vernünftig leben. Es ist geradezu paradox: Indem der Mensch Verlusterfahrungen von seinem Leben fernhält, fördert er sein Leben nicht, sondern zerstört es. Wer sich im Fasten ganz bewusst einem bestimmten Verlust aussetzt, fühlt sich hinterher gut, weil er sein Leben weiterentwickelt hat. Diese Einübung einer Verlusterfahrung gibt dem Menschen neue Lebenskraft.

Mit der Auferstehung am Ostersonntag endet die Fastenzeit. Die Auferstehung ist ein Symbol dafür, dass der Mensch sein Leben gewinnt. Wer die christliche Fastenzeit richtig verstanden hat und sie nicht nur als Verzicht erlebt, bereichert sein Leben durch neue innere Erfahrungen. Denn beim Fasten verwandelt sich der Verzicht zum Gewinn.

Die eiserne Reserve

Ein junger Mann hörte während seiner Ausbildung zum Psychotherapeuten, dass das Fasten etwas ganz Wunderbares sei – und wollte es selber einmal ausprobieren.

Seine Vorfahren waren Fleischhauer und Gastwirte und hätten sich vermutlich im Grab umgedreht, weil ihr Nachkomme so einen Unfug plante. Aber der Student hatte sich fest vorgenommen, an einer Fastenwoche teilzunehmen.

Je näher allerdings diese Fastenwoche heranrückte, desto zwiespältiger war ihm zumute. Er spielte schon mit dem Gedanken, alles wieder abzublasen, hätte sich auch tatsächlich fast wieder abgemeldet – aber er blieb dabei. Als er dann im Zug saß, um zum Veranstaltungsort zu fahren, packte ihn fast

eine Panik, wenn er an die sieben Fastentage dachte. Zum Glück musste er unterwegs noch umsteigen – und während des halbstündigen Zwischenaufenthaltes kaufte er sich gegenüber dem Bahnhof in einer Metzgerei eine geselchte Schweinshaxe. Die Metzgermeisterin bat er, die Haxe ganz fest einzupacken – quasi als eiserne Ration, falls es ihm beim Fasten schlecht gehen sollte.

Mit dieser Sicherheit im Gepäck fühlte er sich gleich wohler. Nach der Ankunft am Veranstaltungsort packte er seine sieben Sachen aus. Die dreifach eingewickelte Schweinestelze versteckte er ganz hinten im Kleiderschrank.
Dann begann der Fastenkurs.
Die ersten zwei Tage bekamen dem jungen Mann gut, es fehlte ihm nichts. Am dritten Tag, als er nach den Morgenübungen in sein Zimmer zurückkehrte, vermutete er, dass irgendjemand seinen Schrank geöffnet und die Schweinshaxe ausgepackt hatte, denn im ganzen Zimmer roch es nach geräucherter Stelze. Er öffnete die Schranktür – das Päckchen mit der Haxe lag unversehrt hinter den Hemden und Socken im Regal. Aber der Duft der Schweinestelze hatte sich überall im Zimmer verbreitet, und der Mann, dessen Geruchssinn durch das Fasten sehr sensibel geworden war, brachte den verlockenden Duft nicht mehr aus der Nase. Den ganzen Tage lang kämpfte er mit dem Geruch – und am Abend, als es finster war, hielt er es nicht mehr aus: Er öffnete das Fenster, warf das Paket hinaus und hoffte, dass er die verführerische Haxe endlich los war. Aber von wegen! Der Geruch blieb im Zimmer, jeden Tag nahm er ihn intensiver wahr. Das Wasser lief ihm im Mund zusammen – der verbliebene Duft wurde für ihn zur Tortur. Er musste erkennen, dass ausgerechnet das, womit er sich eigentlich Erleichterung verschaffen wollte, ihm nur Schwierigkeiten machte.
Es ist tatsächlich so: Wir meinen, dass uns viele Dinge und Gewohnheiten das Leben leichter machen. Der eine raucht eine Zigarette und glaubt, sie tut ihm gut, der andere trinkt eine Halbe Bier oder zwei, vielleicht noch ein paar mehr, und meint, sie bekommen ihm. Der Dritte schaufelt fünf, sechs Schmalzbrote in sich hinein, fühlt sich wohl dabei – und merkt nicht, wie schwierig das Leben dadurch wird.
Denn was im Übermaß genossen wird, bekommt uns nicht wirklich, sondern bereitet uns meistens Schwierigkeiten.

Essen kann krank machen, Fasten kann heilen

Wir leben in einer Zivilisationsgesellschaft und müssen erkennen, dass gerade das Essen uns umbringen kann. Was der Mensch Tag für Tag, ein

ganzes Leben lang, an Nahrung zu sich nimmt, kann ihn krankmachen. Deshalb kann Fasten dabei helfen, gesund zu bleiben – oder zu werden.
Es gibt eine aufschlussreiche Untersuchung, die in einem indischen Bergtal durchgeführt wurde, das während des Winters durch die Schneemassen völlig von der Außenwelt abgeschnitten war. Man konnte den Pass nicht überqueren, sodass die Nahrungsvorräte der dort lebenden Menschen nie ausreichten. In jedem Frühjahr waren die von der Außenwelt abgeschnittenen Bewohner des Tales gezwungen zu fasten. Als man diese Menschen untersuchte, hat man die erstaunliche Feststellung gemacht, dass es dort eine große Zahl von alten Menschen gab, die an Leib und Seele sehr gesund waren.
Als die Regierung eines Tages einen Tunnel baute und damit die Versorgung mit Nahrungsmitteln auch im Winter sicherstellte, wurden die Menschen genauso krank wie in anderen Landesteilen. Wir tun unserem Leib und unserer Seele also etwas Gutes, wenn wir fasten.

Was aber heißt fasten?

Fasten darf nicht mit einer Hungerkur verwechselt werden, die viele Menschen auf sich nehmen, um abzuspecken – meistens wollen sie für ihren Körper die verlorene Schönheit zurückholen. Bei jungen Menschen entwickelt sich dieser selbst verordnete Zwang zum Hunger nicht selten zur Magersucht, eine wirklich gefährliche Krankheit.
Hungern hat also nichts zu tun mit Fasten. Denn Fasten heißt: weniger essen, bewusster essen, bewusster leben.

Fasten regt die Phantasie an

Wenn Menschen gemeinsam in einem Kurs fasten, wird häufig vom Essen geredet. Man denkt an leckere Speisen, tauscht Kochrezepte aus, lobt Schweinebraten und Leberkäs-Semmeln in höchsten Tönen – es ist überraschend, wie sehr das Fasten die Phantasie anregt. Deshalb wird in Fastenkursen meist empfohlen, viel zu schweigen, vor allem während des Essens, sonst läuft den Teilnehmern dauernd das Wasser im Mund zusammen und das macht sie ganz fertig.
Beim Fasten soll man sehr bewusst schweigen und sich sammeln. Das bedeutet auch: sich Zeit nehmen, den eigenen Rhythmus verlangsamen, den äußeren und inneren Betrieb stilllegen und weglassen, was einen belastet – nicht nur das Essen, sondern auch die vielen anderen Dinge im Lebensalltag. Und Fasten heißt auch, sich dem inneren Führer anzuvertrauen, einem Lebensprinzip, das jedem Menschen innewohnt. Aber das ist schwierig, weil einem klar wird, dass wir viele Ängste haben: Angst zu verhungern, zu wenig zu bekommen – und die Furcht, dass die Reduktion ein Verlust ist. Dabei wird Verzicht zum Gewinn, aber das weiß man vor dem Fasten noch nicht.

Fasten schafft Raum

Wenn der Körper beim Fasten fünf bis zehn Kilo verliert, entsteht Platz für Neues – vor allem für die Seele. Denn der Leib und die Seele hängen auf vielfache Weise zusammen. Oft ist dem Menschen – im wahrsten Sinn des Wortes – sein Weg zur eigenen Mitte durch eine zu dicke Speckschwarte am

Bauch versperrt. Sie belastet ihn und verhindert, dass zur Entfaltung kommen kann, was in ihm steckt.

Aufnehmen und Abgeben

Fasten ist ein Prozess, bei dem man seinem Körper weniger zuführt und – auf verschiedene Weise – vieles abführt. Fasten reinigt an Leib und Seele. Deshalb muss man während des Fastens immer sehr viel trinken. Das Trinken löst die Ablagerungen und reinigt den Körper.

Beim Fasten geschieht etwas Merkwürdiges: Wir scheiden mehr aus, als wir aufnehmen – und zwar durch den Darm, durch die Blase, durch die Haut und vor allem auch über den Atem. Manchmal braucht man dabei „Hilfsmittel“, weil manche Menschen unter Verstopfung leiden. Sie wollen alles behalten und schleppen ihren „Müll“ mit sich herum – im Darm, an allen möglichen anderen Stellen im Körper, aber auch in der Seele, weil sie Ärger und Wut, Enttäuschung und Verletzungen oft jahrelang in sich „hineingefressen“ haben. Dies alles endlich loszulassen ist das Ziel des Fastens. Der Mensch kann, wenigstens nach einiger Zeit, zu einer inneren Ruhe, zum inneren Frieden kommen. Dazu braucht er jedoch auch einen Raum und eine Zeit der Stille.

Fasten und Bewegung

Zum Fasten gehört Bewegung – körperliche und seelische. Spazierengehen ist eine große Hilfe, auch sich morgens zu dehnen, zu strecken und zu recken. Auch in sich selbst wieder in Bewegung zu kommen, ist ein Ziel. Das erfordert einen ruhigen Raum, in dem man bei sich sein kann.

Und ganz wichtig beim Fasten: genügend Schlaf! Vor allem am Anfang ist man müde und schlapp. Nach einer gewissen Zeit wird man sehr wach, und das Bedürfnis nach Schlaf verringert sich.

Innere Einstellungen bewusst machen

Das Wichtigste beim Fasten ist die richtige geistige Einstellung. Die heilige Hildegard von Bingen, eine der großen Mystikerinnen des Mittelalters, sagte einmal, dass Fasten beinahe alle Krankheiten an Leib und Seele heilen kann – nur eine nicht: den Stolz, er verschlimmert sich sogar. Ein Mensch, der stolz ist, darf nicht fasten, weil er durch die Überwindung des Hungers noch eingebildeter wird und dadurch seinen Stolz nährt. Ein stolzer Mensch begreift nicht, was es bedeutet, in Demut zu sich selbst zurückzufinden – im Gegenteil: er wird immer unbarmherziger.

Eine Grundeinstellung für das Fasten ist die Barmherzigkeit, auch zu sich selber. Viele meinen natürlich, dass der Entzug von Nahrung eher das Gegenteil von Barmherzigkeit sei.

Aber mit dem Körper ist es wie mit einem Haus, das vor 30, 50 oder 70 Jahren gebaut worden ist: Im Keller, auf dem Dachboden, in Abstellräumen und Schränken hat sich Gerümpel angesammelt, das keiner mehr braucht. Es nimmt Platz weg und vergammelt – trotzdem wirft man es nicht weg. Mit dem eigenen Körper ist es ähnlich. Was hat man über die Jahre nicht alles an Essen in sich hineingestopft! Vieles war vielleicht zu viel des Guten und wurde im Körper gespeichert. Viele tragen solche Depots mit sich herum. Deswegen ist es gegenüber dem Körper barmherzig, wenn er von diesen unerwünschten Vorräten endlich befreit wird. So wird Fasten zum „Hausputz" für den eigenen Leib – und für die Seele. Nach dieser Entrümpelung kann der Mensch wieder frei durchatmen, er genießt die Harmonie von Leib und Seele und bekommt neue Lust und Freude am Leben.

Durch Fasten wieder Geschmack am Leben finden

Wenn man jeden Tag Brathähnchen isst oder Krapfen, Torten und Würste, dann weiß man oft gar nicht mehr, wie gut die Dinge schmecken. Viele schlingen die Speisen in sich hinein, ohne sie bedächtig zu kauen und auf der Zunge zu genießen. Durch das Fasten werden alle Sinne des Menschen belebt und sensibilisiert – auch der Geschmackssinn. Man schmeckt die Speisen und Gewürze viel intensiver als vorher.

Und noch etwas bewirkt Fasten: Das Bewusstsein wird erweitert, weil man nicht nur den Leib „ausräumt", sondern auch die Seele. So wird der Mensch sensibler, achtsamer, er erkennt seine Vergiftungen und scheidet sie aus – es ist wirklich eine Erweiterung seines Bewusstseins.

Natürlich kann man allein fasten. Aber es ist besser – und leichter! – in der Gemeinschaft. Gute Gespräche, auch manche Aufmunterung helfen vor allem dann, wenn sich eine Fastenkrise einstellt. Der Rat der anderen, ihre Anteilnahme, ihr Trost tun gut.

Umkehr durch Fasten

So intelligent, wie man glaubt, sind wir Menschen gar nicht. Wie oft wollen wir mit dem Kopf durch die Wand rennen und begreifen nicht, dass das nicht geht. Wir wissen, dass uns Stress und zu wenig Schlaf, falsches Essen und Zigaretten krank machen – und ändern nichts. Sehenden Auges

ruinieren viele Menschen sich und ihre Gesundheit. Oft müssen sie erst ernsthaft krank werden, bevor sie ihren Irrweg erkennen. Sie brauchen also einen Anstoß, müssen Grenzen erfahren, vielleicht sogar die eigene Ausweglosigkeit, um umzukehren. Das Fasten lehrt die Umkehr im Leben. Am dritten Fasttag, sagt man, versteht der Körper, dass er umkehren muss – und greift seine eigenen Reserven an. Aber er holt sich nicht die guten Vorräte aus seinem Lager, sondern trennt sich erst einmal vom Müll und vom Gerümpel. Der Körper räumt zuallererst weg, was ihn am meisten belastet: überflüssige Darmfette, Kalkablagerungen im Gehirn, Fettpolster. Dem Menschen bekommt die Reinigung gut; er wird heller, wacher, kreativer.

Fasten und Kreativität

Nach dem Fasten ist der Mensch kreativ und hat die besten Ideen. Denn beim Fasten dringt man an seine inneren Quellen vor, an die echten „Vorräte“: an die eigene Freude, an Trauer, Angst und Sehnsüchte. Am eigenen Leib erfährt man, dass Haben wollen uns mehr belastet als das Sein. Wer seine inneren Quellen entdeckt, wird wieder froh und glücklich. Aber die Quelle muss fließen, sie darf nicht verstopft sein. Häufig essen die Menschen übermäßig, wenn sie sich ärgern, wenn Wut oder Trauer sie befällt – eine gefährliche Reaktion, weil man sich unnötig „voll stopft“. Die Folge. Man fühlt sich gequält, bedrückt und spürt, dass die Quelle des Lebens nicht mehr sprudeln kann.

Fasten führt uns zu den eigenen inneren Quellen und legt sie wieder frei. Im Fasten wird die Seele berührt. Man sagt, sie wird dünn, ebenso wie die Haut. Der ganze Mensch wird durchsichtiger und lässt sich leichter berühren. Und: Man spürt sich selber von Tag zu Tag mehr. Die Berührung mit sich und mit anderen Menschen schenkt uns Leben – auch das ist eine Folge des Fastens. Außerdem kommt der Mensch – im wahrsten Sinn des Wortes – mit sich selbst ins Reine: Er reinigt seinen Geist, seine Seele und seinen Körper von innen heraus – wie beim alten Haus, in dem sich Unmengen von Gerümpel angesammelt haben.

Fasten entgiftet und entschlackt

Fasten räumt nicht nur auf, sondern entgiftet und entschlackt den Körper und die Seele. Mit Lebensmitteln und Medikamenten, mit Getränken und allen möglichen Tabletten schluckt der Mensch auch Gifte und Schadstoffe in sich hinein. Vieles, was der Körper nicht verarbeiten und ausscheiden kann, lagert er in verschiedenen Depots ein. Häufig entstehen daraus Verkrampfungen und Versteinerungen, Entzündungen, Lähmungen und Disharmonien, die das Leben zur Qual machen. Wenn der Körper diese Gifte nicht wieder ausscheidet – durch den Atem, durch die Haut, durch den Magen, durch Blase und Darm –, dann entstehen Verstopfungen an Leib und Seele. Der Mensch verliert sein inneres Gleichgewicht und wird oft depressiv, ohne dass er weiß warum.

Hilfsmittel

All diese Verstopfungen und Vergiftungen können sich durch Fasten lösen. Dabei ist es sinnvoll, die vier Urelemente zu Hilfe zu nehmen. Wir lösen die Verhärtungen und Verkrampfungen zum Beispiel mit Wasser, besser noch mit Tee. Der Tee enthält auch das Element Erde (durch die Pflanzen) und das Element Feuer (durch die Wärme). Mit dem Element Luft reinigen wir durch den tiefen Atem. Ein anderes Hilfsmittel nutzen wir, um den Stuhlgang gut in Gang zu setzen: Bittersalz, das man in Wasser auflöst und trinkt.
Und ein ganz und gar anderes Hilfsmittel beim Fasten ist die Reinigung der Gedanken – auch dadurch werden Vergiftungen aufgelöst und ausgeschieden. So kommt der Mensch mit sich selber wieder ins Reine.

Schwierigkeiten

In diesem Zusammenhang möchten wir von der Intelligenz des Gottesgeistes und der Schöpfung sprechen, und zwar am Beispiel des Fastens. Der menschliche Körper ist eine ungemein intelligente Schöpfung: beim Fasten begreift er etwa nach drei Tagen, dass er nichts mehr bekommt. Diese ersten drei Tage sind allerdings schwierig. Da stellt sich vor allem Kopfweh ein – eigentlich ein logischer Vorgang. Der Mensch sieht im Kopf mit seinen Gehirnwindungen nicht nur ähnlich aus wie drunten im Bauch mit den Gedärmen – Kopf und Bauch hängen auch physisch eng zusammen: Wenn man die Verdauungsorgane im Bauch reinigt, dann reagiert darauf auch der Kopf. Das ist ein gesundes Zeichen. Hilfreich bei Kopfweh sind Bewegung, viel trinken – und sich darüber klar werden, was die Ursache für den Schmerz ist, was einem also wirklich weh tut und „rausmuss".
Etwa nach drei Tagen fängt der Körper an, die eigenen Reserven anzupacken und sich davon zu versorgen. Da wird sogar jeder Vegetarier zum „inneren" Fleischfresser. Der Körper beginnt zunächst mit der Aufarbeitung all dessen, was als Abfall und Müll vorhanden ist. Er packt die krankhaften Ablagerungen an, dann erst Fett und Muskeleiweiß.

Frühere Krankheitsschauplätze werden aufgearbeitet. In Fastenkursen wird immer wieder die Erfahrung gemacht, dass alte Krankheitssymptome plötzlich wieder auftauchen – und ausheilen. Bei einem Fastenkurs im Kloster Gut Aich (Österreich) erlitt ein Mann, der vor vielen Jahren an Malaria erkrankt war, einen neuerlichen Malaria-Anfall – und war nach dem Fasten wirklich geheilt.
Fasten entschlackt auch das Bindegewebe und regt im Körper verschiedene Prozesse an, damit die Verdauung und die Ausscheidung gut funktionieren.
Es ist kaum zu glauben, aber im Darm halten sich Kotreste manchmal über Wochen und Monate, manchmal sogar über Jahre. Oft entstehen daraus so genannte „Kot Steine“ kein Wunder, dass solche Menschen an Darmentzündung oder komplizierten Darmerkrankungen leiden. Durch langes, intensives Fasten können die „Kot-Steine“ aufgelöst werden.

Entlastungen

Beim Fasten werden der Leib und die Seele entlastet.
Besonders intensiv scheidet der Körper die angesammelten Schlacken über den Atem, die Mundschleimhäute und durch die Haut aus. Der Fastende fängt regelrecht zu stinken an – ein durchaus verständlicher Vorgang, wenn der Körper entgiftet wird.
Blut- und Leberwerte bessern sich, wenn sie vorher schlecht waren, und die Bauchspeicheldrüse kann sich regenerieren, weil sie beim Fasten kaum noch belastet wird.
Der ganze Mensch kommt beim Fasten zu größerer Selbsterkenntnis, und er findet wieder zu seiner ursprünglichen Form zurück – innerlich wie äußerlich.
Die Methode ist eigentlich sehr einfach: das Essen etwas reduzieren oder ganz weglassen. Das kann die Tafel Schokolade sein, Alkohol, Zucker, Fett oder das Reden, Streiten, der Wutausbruch, stolzes Gehabe – all das belastet den Menschen, macht dick und führt zu den unterschiedlichsten Verstopfungen. Es wegzulassen klingt einleuchtend, aber es ist schwierig umzusetzen. Allein der gute Vorsatz am Morgen reicht meist nicht aus, deshalb ist es sinnvoll, dass man beim Fasten systematisch vorgeht. Von den vielen verschiedenen Fastenmethoden wollen wir einige, die sich besonders bewährt haben, vorstellen.

Fastenmethoden, die sich bewährt haben

Fasten nach F. X. Mayr

Eine der bekanntesten Formen ist die „Semmel-Milch"- oder „Semmel-Tee"-Diät von F. X. Mayr. Diese Fastenmethode ist deshalb sehr praktisch, weil sie durch die trockene Semmel, die zweimal am Tag in Scheiben geschnitten und gekaut wird, einen Reinigungseffekt hat – außerdem kann man dabei seine Bissigkeit austoben.

Jede der beiden täglichen Semmeln wird bedächtig und langsam gekaut: 40-mal soll man an jedem Stückchen kauen, das erfordert eine halbe bis eine dreiviertel Stunde Zeit für eine einzige Semmel. Durch dieses intensive Kauen wird zugleich der gesamte Mund- und Halsbereich gereinigt. Zu der Semmel wird tröpfchenweise Tee gelöffelt, damit möglichst wenig in den Magen hineinkommt.

F. X. Mayr sagt, dass bei den meisten Menschen der Magen stark überlastet ist – ein aufgeblähter, lascher Sack, den die Semmel-Diät wieder in seine ursprüngliche Form bringt. Nach zehn Tagen verzichten viele Fastende bereits auf die ganze Semmel und begnügen sich mit der Hälfte, weil ihr Hungergefühl weg ist. Sollte es abends doch auftreten, wird es bei der F.-X.-Mayr-Kur mit Tee und Honig sowie mit ein paar Tropfen Zitrone gemildert. Das Fasten nach F. X. Mayr zielt darauf ab, den gesamten Verdauungsapparat stillzulegen, zu entlasten und dadurch auch die Gesundung der einzelnen Organe zu fördern.

Dazu ist es nötig, den Magen, den Darm und auch die Leber zu reinigen. Das geschieht durch Bittersalz (Magnesium Sulfuricum). Man sollte am Abend einen viertel Liter Wasser mit einem Teelöffel Bittersalz ansetzen – und am Morgen trinken. Keine Angst: Die Darmentleerung erfolgt nicht sofort, sondern erst nach ein bis zwei Stunden, sodass man sich seine Zeit am Morgen gut einteilen kann.

Allerdings darf man die Darmreinigung mit Bittersalz nicht übertreiben. Wenn sich im Darm nach zwei Stunden noch nichts regt, wäre es verkehrt, gleich noch einmal ein Glas Wasser mit Bittersalz zu trinken – wir verzichten auf die Schilderung der Folgen.

Zur F.-X.-Mayr-Diät gehört auch die Bauchbehandlung. Es gibt ja zwei verschiedene Arten von Bäuchen: den Gasbauch und den Fettbauch – äußerlich sehen sie gleich aus. Doch der Gasbauch ist ein Blähbauch, der den Menschen auf unangenehme Weise ständig bedrückt.

Durch das Fasten und durch die Bauchbehandlung, verbunden mit Bauchmassagen, wird dieses Bläh-Symptom stark reduziert und eingeschränkt.

Fasten nach Dr. Buchinger

Eine zweite Methode des Fastens ist das „Saft-Fasten", das vor allem von dem Mediziner Dr. Buchinger empfohlen wird. Es hat gegenüber dem Semmel-Fasten den Nachteil, dass man dabei überhaupt nichts mehr beißen und kauen kann. Magenempfindliche Menschen vertragen oft auch keine Säfte, die den Magen sehr belasten können. Aber viele schwören auf dieses Saft-Fasten und erzielen damit gute Erfolge.

Fasten nach der heiligen Hildegard von Bingen

Hildegard von Bingen war eine der großen Mystikerinnen des Mittelalters (1098 bis 1179). In ihren heilkundlichen Schriften empfiehlt sie das Fasten mit einer Dinkel-Gemüsebrühe. Dinkel und Gemüse werden aber nicht gegessen, sondern nur ausgekocht – und mit Hildegard-Gewürzen verfeinert. Dadurch entsteht im Körper ein gesunder Säure-Basen-Haushalt. In unserer Zivilisationsgesellschaft sind die meisten Menschen „übersäuert", weil sie zu viel Eiweiß, zu viel Fett und zu viel Zucker zu sich nehmen. Es ist erstaunlich, aber Schokolade macht den Körper „sauer", obwohl sie so süß schmeckt.
Hildegard von Bingen gibt auch den Rat, beim Fasten Fencheltee zu trinken. Auch er ist für den Säure-Basen-Haushalt des Körpers gesund und wohltuend. Und: Die heilige Hildegard empfiehlt dem Fastenden ihren Herzwein (mit Petersilie, Essig und Honig gekochter Wein), der den Kreislauf in Bewegung bringt.

Was muss man beim Fasten beachten?

Auf das Thema „Kopfschmerzen" sind wir schon eingegangen. Manchmal treten auch Kreislaufbeschwerden auf, vor allem natürlich bei jenen, die damit ohnehin Schwierigkeiten haben. Wenn man sich beim Fasten müde und schlapp fühlt, neigt man dazu, sich hinzulegen. Doch so verführerisch das auch ist: Bitte nicht hinlegen! Dann sinkt nämlich der Kreislauf noch mehr ab. Viel besser ist es, sich zu bewegen, vielleicht einen Spaziergang an der frischen Luft zu unternehmen – das hilft, um den Körper wieder in Form zu bringen.
Eine ganz anderes Problem beim Fasten sind die häufigen Gedanken und Phantasien rund ums Essen. Da tauchen all unsere Süchte, Sehnsüchte und Ängste auf. Man findet kaum noch Ruhe, ist gereizt und schlecht gelaunt. Diese Reaktionen haben auch etwas Gutes: Man kann sich selber erkennen – seine Boshaftigkeiten, seine Süchte und manche Laster, die nicht nur den Körper angreifen, sondern auch die Seele. Oft belasten einen bestimmte Lebenssituationen, und da ist es hilfreich, einen guten Fastenbegleiter bei sich zu haben, mit dem man über diese Probleme reden kann. Wenn man sie einfach „hinunterfrisst", wird das Fasten keinen Erfolg haben.
Während des Fastens kommen Ängste und Gefühle hoch – und man ist, wie der Volksmund sagt,

ziemlich „ans Wasser gebaut". Doch Weinen ist gesund, die Tränen können vieles abwaschen und heilen.
Schwierigkeiten tauchen beim Fasten auch auf, wenn man innerlich oder äußerlich friert. Der Körper hat weniger zum Verbrennen – mit der Folge, dass einen Frösteln überkommt. Dann ist es besonders wichtig, gut mit sich umzugehen, sich nicht in die Isolation zurückzuziehen oder zu erstarren, sondern sehr bewusst auf andere Menschen zuzugehen oder sich in der Natur zu bewegen.
Fasten verstärkt auch Empfindungen und Empfindlichkeiten. Wir haben schon auf den intensiveren Geruchs- und Geschmackssinn hingewiesen. Die erhöhte Sensibilität gilt auch für das Hören und Sehen. Manchmal meint man sogar, weniger zu hören oder zu sehen. Dann ist man an eine Grenze gestoßen – und durch den gedanklichen Freiraum, den das Fasten gibt, kann es zu einer Heilung von alten Krankheitsbildern und Schwierigkeiten kommen.

Was kann man sich Gutes tun?

Alles, was der Reinigung dient, tut dem Fastenden gut.
Dazu gehört, zum Beispiel, die Reinigung der Schleimhaut. Mit einer Zahnbürste werden auch die Zunge und die Mundschleimhäute gereinigt. Beim Fasten werden „Schlackstoffe" auch über den Speichel und die Zunge ausgeschieden – sie ist dann stark belegt und wie mit einem Film überzogen. Deshalb ist die Reinigung der Schleimhäute wichtig. Das wirkt sich unmittelbar auch auf den Darm und die Verdauung aus; denn auch der Darm muss beim Fasten gereinigt werden. Das kann über die schon beschriebene Einnahme von Bittersalz erfolgen oder eventuell durch Einläufe. Dabei hat sich die „Colon-Hydro-Therapie" als besonders angenehm erwiesen, weil sie völlig beschwerde- und geruchsfrei ist.
Eine weitere Reinigung betrifft die Leber. Während des Fastens soll man feuchtwarme Leberwickel machen: Jeden Tag legt man für etwa 30 Minuten auf die Leber eine Wärmflasche mit einem feuchten Handtuch. Dadurch werden die Leberfunktionen unterstützt, die Gallengänge werden gereinigt und die Ausscheidung funktioniert besser.
Wenn dem Fastenden kalt ist, kann er ein Fußbad oder ein Vollbad nehmen. Am besten wirkt ein aufsteigendes Fußbad, um den Kreislauf anzuregen, oder die bewährte Wechseldusche nach Pfarrer Kneipp, die die Durchblutung fördert: erst lange warm duschen, dann kurz kaltes Wasser, dann wieder warm und wieder kurz kalt. Die Kaltdusche soll höchstens 30 Sekunden dauern.
Auch „Trockenbürsten" fördert die Ausscheidung. Mit einer Bürste wird am Morgen die ganze Haut abgebürstet – das ist gut für die Durchblutung. Die Bürste sollte dabei immer in Halbkreisen zum Herzen hin geführt werden. Und bei dieser Trockenmassage bitte die Handflächen und die Fußsohlen nicht vergessen!
Diese Reinigungen und das regelmäßig Duschen sind ein wichtiger Bestandteil des Fastens. Außerdem soll man jeden Tag eine dreiviertel oder volle Stunde spazieren gehen und sehr bewusst atmen.
Eine ganz andere Behandlung, die man sich beim Fasten gönnen sollte, besteht darin, sich zu schmücken. Im Evangelium steht es, und die Propheten

haben es auch gesagt: „Wenn du fastest, dann mache kein finsteres Gesicht wie die Heuchler! Lauf nicht in Sack und Asche herum, sondern schmücke dich, pflege dich, salbe dein Haupt mit Öl, damit man dir nicht ansieht, dass du fastest." Fasten wirkt sich auch auf die Haut sehr positiv aus – Cremes und Kosmetika kosten viel mehr Geld und Nerven als eine gesunde Fastenkur.

Wie lange soll man fasten?

Die Erfahrung zeigt, dass für das Fasten ein Wochenrhythmus sehr gut ist – wenn möglich bei abnehmendem Mond (muss aber nicht sein). In der Regel stellt sich der Körper nach drei Tagen um. Nach sieben Tagen kommt der Fastende an seine ersten Störungen heran. Wer länger fastet, dringt nach weiteren sieben Tagen tiefer in sich vor, bleibt aber immer noch bei den körperlichen Problemen. In der dritten Fastenwoche beginnt man, auch die seelisch-geistige Dimension zu erahnen und zu reinigen.

Einstieg und Abfasten

Wichtig beim Fasten sind der Einstieg und das Abfasten. Es nützt wenig, wenn man nach dem Fasten wieder mit dem gleichen Schlendrian isst wie vorher. Zum Beispiel ist es wichtig, nach dem Fastenende in der ersten Woche rotes Fleisch (Rindfleisch, Schweinefleisch, Wild) zu meiden und auf weißes Mehl und Zucker zu verzichten. Beim Abfasten ist es sogar bekömmlicher, statt Vollkornbrot einfaches, nicht ganz frisch gebackenes Brot zu essen.
Magen, Darm und die anderen Verdauungsorgane sind durch das Fasten sehr empfindlich geworden. Es wäre verkehrt, sofort wieder alles in sich hineinzuschaufeln! Der Körper muss sich erst wieder langsam an das normale Essen gewöhnen. Alles Gekochte und Gedünstete ist beim Abfasten hilfreich. Kartoffeln und Gemüse (außer Kraut und Kohl!) verträgt man gut, rohes Gemüse sollte gemieden werden. Und ganz wichtig: viel trinken und besonders gut und oft kauen! Außerdem muss darauf geachtet werden, dass der Stuhlgang funktioniert.

Fasten ist ein Prozess für Leib und Seele

Fasten ist nicht nur – wie viele meinen – ein rein körperlicher Prozess, sondern schließt die Seele und den Geist ein. Es hilft, auch die geistigen und seelischen Ereignisse und Erfahrungen des Lebens zu verdauen, zu zerkleinern und zu verarbeiten. Fasten reinigt den Körper – und die Seele, die nicht irgendwo im Leib versteckt ist, sondern in enger

Beziehung mit ihm verwoben ist. Wer also seinem Leib etwas Gutes tut, tut auch der Seele etwas Gutes.

Beim bewussten Fasten findet man zu sich selber, zu anderen Menschen – und zu Gott. Warum?

Für die meisten ist Essen zu einem sehr banalen Vorgang verkümmert – man nimmt Kalorien zu sich, ohne besonders darauf zu achten, was man isst. Wir nehmen uns kaum Zeit dafür, kauen die Speisen nicht richtig und achten nicht darauf, ob die Lebens-Mittel dem Körper auch bekommen – auf der Zunge, bei der Verarbeitung im Körper und beim Ausscheiden. Ganz ähnlich ist es im geistig-seelischen Bereich: Die meisten achten nicht darauf, was sie mit dem Kopf und mit dem Herzen aufnehmen.

Der Verlust oder die Reduzierung des Essens führen zu einem größeren Lebensgefühl und schenken dem Fastenden wieder Freude und Lust am Leben. Wer sehr bewusst fastet, kann heil werden – äußerlich und innerlich.

Fasten gilt in allen Kulturen und Religionen der Welt als Heilfaktor und Reifungsmittel des Lebens. Es heilt nicht nur körperliche und seelische Krankheiten, sondern fördert das gesamte Leben. Der Verzicht auf Nahrung wird zum Gewinn fürs Leben – das ist das große Geheimnis des Fastens.

Ziel des Fastens ist ein neues Leben

Ziel des Fastens ist nicht das Fasten selber, sondern die Auferstehung, das Osterfest. Wer sich durchs Fasten quält oder sich gar bestraft, indem er seinem Leib die Nahrung vorenthält, wird weder Freude verspüren noch inneren Frieden erleben.

Im Fasten kann man den Umgang mit Verzicht einüben. In der Stunde des Todes erfährt jeder Mensch seinen letzten großen Verlust, wenn er sein Leben verliert. Im Fasten lernt man, mit Verlust und Verzicht umzugehen. So verliert auch der Tod seinen Schrecken – und der Glaube an die Auferstehung wächst durch die Reinigung und Heilung von Leib und Seele.

Ein Fastentag im Kloster Gut Aich

Fastentage haben ihren jeweils eigenen Rhythmus – egal für welche Methode man sich entschieden hat. Im Europakloster Gut Aich zum Beispiel finden Fastenkurse statt, die verschiedene Formen des Fastens kombinieren.

Dabei steht die Erkenntnis an erster Stelle, dass Fasten nicht nur den Körper betrifft, sondern den ganzen Menschen – seinen Leib und seine geistig-seelische Wirklichkeit. Wenn Fasten das Ziel hat, eine Reinigung, Entschlackung und Entlastung herbeizuführen, dann müssen alle Ebenen des Menschen einbezogen werden, um wirklich ein gutes Ergebnis zu erreichen. Wer also nur fastet, um abzunehmen, wird zwar einige Kilo verlieren, aber sein Gewicht wird innerhalb weniger Wochen wieder steigen – und das Fasten war umsonst. Deshalb wird beim spirituellen Fasten auch in Gut Aich versucht, alle drei Ebenen des Menschen – den Leib, die Seele und den Geist – miteinander zu verbinden. So wurde eine besondere Form des Fastens entwickelt, die diese drei Ebenen ausgewogen und im rechten Maß zueinander in Beziehung bringt – auch im Hinblick auf die Nacharbeit.

Der Tagesplan

Der Tag beginnt mit dem Aufstehen, und zwar unabhängig von der jeweiligen Uhrzeit – der eine ist Frühaufsteher, andere wollen länger schlafen. Die Teilnehmer können das Angebot des Klosters annehmen und den Tag gemeinsam mit den Mönchen um 6.30 Uhr mit dem Morgengebet in der Kapelle beginnen. Die Tagesordnung der Mönche ist bewusst in den Fastenkurs integriert. Auch wer kein regelmäßiger Kirchgänger ist, sollte einmal das Morgengebet „ausprobieren“, weil es ein sinnvoller Bestandteil des Kurses ist. Das Gebet am Morgen tut der Seele gut – und dem Leib auch. Es geht um Atmen und Singen, um Bewegung und um die Einstimmung in den Fasttag. Dabei werden Psalmen gesungen und Texte gesprochen, die das Thema des Tages und das Fasten ganz allgemein betreffen. Manche haben Schwierigkeiten beim

Mitsingen, aber das ist nicht entscheidend. Es kommt eher darauf an, sich in einen Rhythmus einzuschwingen – und dieser Rhythmus ist während der ganzen Fastenzeit wichtig. Das Chaos in unserem Körper und in der Seele ist häufig darauf zurückzuführen, dass wir keinen guten Rhythmus haben: Wir essen ständig zu anderen Zeiten, wir schlafen und arbeiten unregelmäßig. Deshalb ist es wichtig, bei den Fastentagen in Gut Aich für sich einen Rhythmus zu suchen und zu finden – die Mönche machen dazu viele Angebote.

Nach dem Morgenlob erfolgt um sieben Uhr der zweite Tagespunkt: Bittersalz trinken. Dazu stehen im Essraum auf einem Wagen Gläser mit einem viertel Liter Wasser, denen am Abend vorher je ein Teelöffel voll Bittersalz beigegeben wurde – Magnesium-Sulfuricum für die Reinigung der Verdauungsorgane. Magnesium-Sulfuricum wirkt wie eine Lauge, die den ganzen Körper „durchputzt“: Magen, Darm, Leber, Galle – alles wird gereinigt. Als Zusatz gibt man in Gut Aich noch 20 Gramm Basenpulver bei, dessen Mischung dazu dient, den Körper zu reinigen, ihn aber auch zu stabilisieren und ihm die notwendigen Mineralstoffe zuzuführen.

Beim Bittersalz-Trinken empfehlen die Mönche, den Geschmack dieses Getränks zu überwinden und das Glas so schnell wie möglich zu leeren. Weil das Bittersalz immer schon am Abend vorher angesetzt wird, sollte man das Wasser vor dem Trinken umrühren, dann sprudelt alles ein bisschen auf und wirbelt die Bittersalzreste und das Basenpulver durcheinander – und dann hinunter damit.

Wer mit Bittersalz noch keine Erfahrungen hat, sollte wissen: Die Wirkung setzt nicht gleich nach wenigen Minuten ein, sondern der Darm wird – je nach Körperkonstitution – erst 30 Minuten bis zwei Stunden später entleert. Aber aufpassen, wenn sich der Stuhlgang ankündigt: Schon bei den ersten Anzeichen soll, egal ob man gerade im Meditationsraum sitzt oder in der Kirche, sofort die Toilette aufgesucht werden; denn Bittersalz wirkt dann schnell und heftig. Aber nach ein bis zwei Tagen weiß jeder, wie es funktioniert. Im Laufe der Woche wird der Stuhl immer dünnflüssiger. Das ist auch das Ziel, nämlich die völlige Reinigung des Verdauungsapparates. Wer am ersten Tag noch keinen Stuhlgang hat, dem wird empfohlen, sich unbedingt mit einem der Mönche zusammenzusetzen, damit überlegt werden kann, was zu tun ist, um die Verdauung möglichst schnell in Gang zu bringen.

Von 7.15 Uhr bis 8 Uhr gibt es dann unter der Leitung von Bruder Emmanuel Morgenübungen, die im Meditationsraum stattfinden. Auf den Teppichen, die entlang der Wände ausgelegt sind, kann sich jeder seinen Platz suchen. An jedem Platz befindet sich eine Wolldecke zum Drauflegen – und eine zum Zudecken, damit der Körper warm bleibt. Die Morgenübungen sind keine sportliche Gymnastik, sondern haben ein anderes Ziel: dass man seinen eigenen Körper bewusst wahrnimmt, den Bewegungen an und in den verschiedenen Körperregionen nachspürt und die Berührung des Leibes mit dem Boden beachtet. Diese Übungen dauern etwa bis um 8 Uhr.

Dann beginnt die Morgenmahlzeit: die Semmel-Kur nach Dr. F. X. Mayr. Jeder Teilnehmer bekommt eine alte Semmel, die nicht ganz trocken ist, aber ziemlich zäh. Sie wird in Scheiben geschnitten, und jeder nimmt eine halbe Scheibe in seinen Mund und kaut sie. Ganz wichtig dabei: Das Stückchen Semmel muss bedächtig und sehr, sehr langsam gekaut werden – 30-mal, besser sogar 50-mal, jeder kann mitzählen. Man glaubt gar nicht, wie lange es dauert, bis auf diese Weise eine Semmel gegessen ist. Dann schluckt man diesen Brei hinunter und schlürft danach einen Löffel voll Tee, nicht mehr! Der Körper soll bei dieser Morgenmahlzeit nicht viel Flüssigkeit aufnehmen!

Während des Tages erhalten die Fastenteilnehmer genügend Tee zu trinken. Denn Trinken ist beim Fasten außerordentlich wichtig – drei Liter sollte jeder pro Tag zu sich nehmen. Wenn jemand Tee nicht so gerne mag, kann er bedenkenlos auch Wasser trinken – in Gut Aich stammt es von einer Bergquelle und wird zusätzlich mit der schon legendären Grander-Technik belebt („Grander-Wasser"). Auch der Tee wird mit Grander-Wasser aufgebrüht. Das viele Trinken ist notwendig, damit der Körper genügend Flüssigkeit hat, um sich zu reinigen und die angesammelten Schlackstoffe auszuscheiden. Er scheidet ja nicht nur über den Urin aus, sondern auch über die Haut, über den Schweiß und den Atem und natürlich über den Stuhlgang. Diese Ausscheidungen sind sehr wichtig, weil dadurch alles aus dem Körper heraustransportiert wird, was er nicht mehr braucht.

Während der Mahlzeiten wird – auch das ist ein Fastengrundsatz im Kloster Gut Aich – nicht gesprochen. Alle schweigen beim Essen, nur das Kauen der Semmel ist wichtig. Eine alte Fastenteilnehmerin sagte einmal bei einem Kurs: „In der Semmel sehe ich mein Lebensproblem. Ich kaue die Semmel und weiß, dass ich mein eigenes Leben zerkleinere – eben das, was mich gerade beschäftigt, woran ich zu kauen habe. Das bewusste Kauen hilft mir, meine Probleme zu löse." Die Mönche ermuntern die Fastenden immer, es der alten Frau gleichzutun, um vielleicht nach einer Woche zu spüren, wie gut ihnen das Kauen bekommt. Und das Schweigen ist auch deshalb so wichtig, weil man sich sonst innerhalb von wenigen Minuten nur noch über Kochrezepte unterhält – und diese Qual soll man sich ersparen. Essen wird zu einem bewussteren Vorgang, wenn dabei geschwiegen wird.

Um 9 Uhr folgt dann im Kloster Gut Aich der so genannte Tagesimpuls: Die Teilnehmer versammeln sich in einem Gruppenraum und hören von dem Mönch, der den Kurs leitet, Gedanken und Anregungen zu einem bestimmten geistlichen Thema – zum eigenen Nachdenken und Meditieren. Dieser Impuls dauert etwa eine halbe Stunde, danach ist Zeit für heilende Anwendungen im angeschlossenen Hildegard-Zentrum (Massagen, Moor- und Johanneskrautöl-Packungen, Colon-Hydro-Therapie zur Darmreinigung, Wärmebehandlungen, belebende oder beruhigende Kräuterbäder) oder zum Spazierengehen.

An anderer Stelle haben wir schon darüber geschrieben, wie wichtig es ist, sich beim Fasten auch zu bewegen. Jeder sollte täglich mindestens eine Stunde lang spazieren gehen. Wer will, kann auch einen Dauerlauf machen, wenn es ihm bekommt – entscheidend ist die Bewegung, damit der Kreislauf in Schwung kommt.

Zwischen 10.45 Uhr und 11.30 Uhr werden im Kloster Gut Aich die warmen Leberwickel gemacht, die wir an anderer Stelle schon beschrieben haben. Dazu hält man auf seinem Zimmer am Waschbecken ein Handtuch unters warme Wasser und legt das ausgewrungene, feuchte Tuch zwischen Leiste und Rippenbogen auf den Körper – und oben drauf die Wärmflasche. So bleibt man mindestens 20 Minuten lang im Bett liegen. Wer seinen Leberwickel nicht zwischen 10.45 und 11.30 Uhr machen will, kann ihn auch zu einer anderen Zeit anlegen, aber für den ganzen Tagesrhythmus ist der späte Vormittag sehr günstig.

Punkt 11.30 Uhr beginnt dann die Mittagsmeditation. Der große Meditationsraum ist ein Ort der Stille. Unter der Anleitung eines Mönchs singen die Kursteilnehmer zusammen mit der Hausgemeinschaft eine kurze Antiphon, dann versenken sich alle für eine halbe Stunde in die eigene Stille. Man sitzt auf einem Meditationshocker oder – wem das zu unbequem ist – auf einem Stuhl. Es ist sehr wichtig, auch wirklich einmal in der Gemeinschaft ganz still zu sein und bewusst diese Stille wahrzunehmen, auch die Gedanken, die dabei hochkommen.

Um 12 Uhr gibt es das Mittagessen, das genauso abläuft wie die Morgenmahlzeit. Auch da wird die Semmel wieder in Scheiben geschnitten, in kleinen Stücken gekaut, und es wird jeweils ein Löffel Tee nachgespült. Jeder soll sich dabei wieder ausreichend Zeit lassen. Manche brauchen für die Semmel länger, andere sind eher fertig – jeder geht, sobald er seine Semmel gegessen hat.

Dann folgen die Mittagsruhe und der Nachmittag, den jeder nach eigenem Geschmack nutzen kann – für Behandlungen im Hildegard-Zentrum oder für Bewegung in der freien Natur. Wer sich allerdings schlapp fühlt, sollte sich nicht hinlegen und schlafen, weil dann der Kreislauf noch weiter absinkt. Besser ist Bewegung – sie ist gut für die Durchblutung, hilft gegen Kopfweh und ist ein wunderbares Mittel, um die Verdauung in Gang zu halten.

Um 16.15 Uhr beginnt dann ein Gruppengespräch. Da tauschen die Teilnehmer etwa eine Stunde lang im gemeinsamen Gespräch ihre Fastenerfahrungen aus. Allerdings ist das Gruppengespräch keine Pflicht – wer sich lieber zurückziehen möchte, um

mit sich allein zu sein, kann dies guten Gewissens tun.
Ab 17.30 Uhr finden dann die Vesper und die Eucharistiefeier in der Kapelle statt – wieder mit Gebeten, die die Fastenden zurückführen auf ihre spirituelle Ebene.
Im Anschluss an den Gottesdienst, um 18.15 Uhr, löffeln dann die Kursteilnehmer ihren Abendtee – gemeinsam, aber schweigend.
Um 19 Uhr besteht dann die Möglichkeit, miteinander zu tanzen. Der Tanz ist beim Fasten genauso wichtig wie die Morgenübungen zum Tagesbeginn. Dabei handelt es sich nicht um Paartänze, sondern um meditatives Tanzen, um Kreistänze, die die Seele, den Körper – und die ganze Gruppe in Schwingung bringen. Für manchen ist Tanzen ungewohnt, aber die Erfahrung zeigt, dass fast alle Teilnehmer von diesen meditativen Kreistänzen sehr berührt werden. Die Tänze werden von Bruder Emmanuel angeleitet, der zu den Tänzen wie auch zu den Morgenübungen schon zwei CD's herausgegeben hat. So besteht für die Kursteilnehmer die Möglichkeit, die Übungen und Tänze nach dem Fastenkurs auch daheim fortzuführen.
Am Schluss eines jeden Tages, nach dem Tanzen, setzen sich alle noch einmal für eine Viertelstunde zusammen, um noch einmal zu hören, was der Einzelne braucht und wie es ihm geht. Dann wird von einem Mönch der Segen erteilt – und jeder kann zu Bett gehen.
Guter Schlaf ist beim Fasten besonders wichtig. Am Anfang, in den ersten drei Tagen, braucht man wirklich sehr viel Schlaf, mehr als normal – und es tut jedem gut, wenn er sich während seiner Fastenwoche regenerieren, ausruhen und ausschlafen kann.
Die Fastenkurse im Kloster Gut Aich dauern eine Woche. Sie beginnen am Sonntag und enden am darauf folgenden Sonntag mit dem Gottesdienst. Die Gestaltung des Tages wird allen Teilnehmern freigestellt, allerdings machen die Mönche konkrete Angebote – und in der Regel richten sich die Fastenden danach, zumal sich die jeweiligen Vorschläge in der Erfahrung als sehr hilfreich erwiesen haben. Der von den Mönchen empfohlene Tagesablauf führt die Fastenden in einen Rhythmus hinein, der sich vom Alltag unterscheidet – und dem Körper und der Seele gut tut.

Abfasten – die Kunst der kleinen Schritte

Wer einige Zeit gefastet hat, darf nicht von heute auf morgen wieder mit dem normalen Essen beginnen – das wäre falsch und für die Gesundheit nicht förderlich. Deshalb soll man die Empfehlung erfahrener Faster beachten: behutsam aus dem Fasten „herausschleichen".
Dazu gibt es ein paar sinnvolle Abfasten-Regeln:

1. Lieber langsam als schnell

Abfasten ist ein wichtiger Prozess, der langsam und bewusst gemacht werden muss, und zwar aus physiologischen, psychischen und spirituellen Gründen. Je schneller man wieder in die alten Muster verfällt, desto weniger Nutzen hat das Fasten. Deshalb sollte man das Abfasten auf eine ganze Woche ausdehnen. Das bedeutet nicht, dass man weiterfastet, sondern mindestens noch drei Tage lang, besser eine volle Woche, seine Rückkehr in den Alltag sehr bewusst gestaltet – und sich aus dem Fasten langsam „herausschleicht".

2. Lieber weniger, aber mit Genuss – statt mehr, aber mit Gier

Auch das ist eine alte Abfasten-Erfahrung: Lieber „weniger mit Genuss – als mehr mit Verdruss". „Weniger" bedeutet immer auch: bewusst essen, bewusst kauen – also den Geschmack von jedem einzelnen Bissen wirklich genießen. Das erste Stück Brot, die Tasse Kaffee, der würzige Käse, das frische Glas Wein oder Bier – man freut sich auf den scheinbar paradiesischen Genuss. Nach dem Fasten soll man bewusst mit Freude essen und trinken, nicht gierig alles hinunterschlingen, was auf dem Tisch serviert wird, sonst rutscht vieles gleich wieder ins Unterbewusstsein durch – und der Körper bildet neue Mülldepots.

3. Lieber mit leichtem Essen beginnen als mit schwerer Kost

Nach dem Fastenbrechen soll man leichte Speisen bewusst annehmen und genießen. Es gilt darauf zu achten, was der Körper vertragen kann – immerhin wurde er zuletzt sehr geschont. Magen, Darm und alle inneren Organe müssen sich erst wieder langsam ans normale Essen und Trinken gewöhnen – schrittweise. Wenn gleich eine Kalorienbombe einschlägt, ist das für den Körper und die Seele nicht günstig.

4. Länger kauen und viel trinken

Nach dem Fasten soll man viel und sehr bewusst trinken. Einige Dinge allerdings darf man in dieser Phase nicht zu sich nehmen – darauf kommen wir noch zurück. Ganz wichtig ist nach dem Abfasten das Kauen. Wer nicht kaut, bekommt Schwierigkeiten mit dem Magen, mit dem Darm und mit seiner gesamten Ausscheidung. Denn der Körper kann die Nahrung jetzt noch nicht richtig verarbeiten. Je bewusster ich deshalb kaue, desto bewusster nehme ich die Lebens-Mittel auf – und desto bekömmlicher ist es für den Körper.

5. Auf die Verdauung achten

Wenn man nach dem Fasten zu schnell wieder mit dem normalen Essen anfängt, treten Verdauungsprobleme auf. Deshalb muss man nach dem Fasten, aber auch sonst, darauf achten, dass der Stuhlgang gut funktioniert. Der renommierte Fasten-Mediziner F. X. Mayr hat einmal gesagt: „Der Tod sitzt im Darm.“ Tatsächlich ist eine schlechte Verdauung häufig die Ursache für viele Krankheiten. Ungesundes Leben schlägt sich leider nicht nur auf den Magen, sondern auch auf den Darm und die anderen Verdauungsorgane.

Weitere Abfasten-Regeln

Schokolade, weißer Zucker, rotes Fleisch

Auf den oben beschriebenen fünf Grundsätzen lässt sich eine vernünftige Rückkehr zum normalen Essen und Trinken sehr sinnvoll aufbauen. Allerdings gibt es einige Dinge, die sollte man in den ersten drei Tagen nach dem Fastenende auf jeden Fall vermeiden – und sich nur allmählich wieder daran gewöhnen:

- Schokolade, weil sie stopft
- rotes Fleisch, weil sich der Körper erst wieder an die Verdauung gewöhnen muss
- und weißen Zucker, weil er ebenfalls für die Verdauung nicht förderlich ist.

Das heißt natürlich nicht, dass man von diesen drei Dingen gar nichts essen darf, sondern dass man sie wirklich nur in Maßen zu sich nimmt – und genießt.

Vorsicht in den ersten Tagen auch bei Vollkornspeisen, obwohl sie ja sehr gesund sind. Aber sie können unmittelbar nach dem Fasten nur schwer verdaut werden. Das gilt für Müsli aus Vollkornflocken, auch für Vollkornbrot, dessen Korn nicht ausgemahlen ist. Alles, was fein ausgemahlen ist, kann gegessen werden, doch bei reinem Vollkorn muss man aufpassen. Wer unbedingt Flocken möchte, zum Beispiel Hirseflocken, muss sie vorher einweichen, sonst kann er sie schlecht verdauen!

Gemüse nicht roh

Gemüse kann auch in den ersten Tagen nach dem Fasten gegessen werden, aber es muss gedünstet, gekocht oder vorvergoren sein. Gut bekömmlich sind gekochte oder gedünstete Kartoffeln, Karotten, Sellerie, Fenchel und alle Wurzelgemüsearten. Salat sollte man am ersten Tag noch nicht roh essen, sondern frühestens ab dem zweiten Tag – und immer sehr gut kauen, damit nicht der Körper, der Darm, die Hauptarbeit leisten muss. Sauerkraut ja, aber nicht roh, sondern gekocht. Probleme gibt es hingegen bei allen Kohlarten, weil es zu Blähungen kommt. Ähnlich ist es mit Hülsenfrüchten: Sie sind zwar hilfreich und gut für den Körper, aber wenn sie nicht weich gekocht werden, bleiben die Schalen hart – und der Körper tut sich in den ersten zwei, drei Tagen schwer, sie zu verdauen.

Vorsicht bei Getreide

Getreideprodukte sollten unmittelbar nach dem Fasten nur gegessen werden, wenn die Körner fein gemahlen sind – Nudeln, Brot und andere Teigwaren müssen also gut ausgemahlen sein. Beim Reis ist darauf zu achten, dass er sehr weich gekocht ist, sonst bereitet er beim Verdauen auch Probleme.

Langsam mit Milchprodukten!

Leider gibt es immer mehr Menschen, die auf Milch, vor allem auf Kuhmilch, allergisch reagieren – oft ohne es zu wissen. Deshalb sollte man nach dem Fasten darauf achten, ob man Milchprodukte verträgt und nicht an einer – eher seltenen – Milcheiweiß-Allergie bzw. einer Milchzucker-Intoleranz leidet. Die meisten haben jedoch keine Probleme, wenn sie in den ersten Tagen erhitzte oder abgekochte Milch trinken oder beim Kochen verwenden. Aber auch in vielen Nahrungsmittel sind Milcheiweiß oder Milchpulver enthalten – und manche Menschen vertragen eben dieses Übermaß nicht. Beim Abfasten jedenfalls sollte man eher zu vorbehandelten Milchprodukten greifen, also zu Weichkäse, Quark und Joghurt. Doch auch da Vorsicht bei all jenen, die ohnehin über eine gewisse Unverträglichkeit bei Milcherzeugnissen klagen – es gibt ja fast keine Wurst mehr, die nicht Milchpulver enthält!

Butter macht beim Abfasten meist keine Probleme, sie ist ja vergorene Milch. Beim Käse heißt es wieder aufpassen: Mit Blauschimmelkäse soll man eher noch ein paar Tage warten – und statt ganz harter Käsesorten empfiehlt es sich, sie zugunsten von weicheren Sorten noch zurückzustellen.

Fleisch und Wurst

Fleisch sollte man zeitlich in folgender Reihenfolge wieder in den Speiseplan „einbauen“: am Anfang Fisch, dann Geflügel, später Kalb, Lamm, Rind, Wild und zuletzt Schwein. Tierisches Eiweiß ist ziemlich schwer zu verdauen – auch weil die meisten nicht richtig kauen, sondern nur beißen und schlingen. Bei der Wurst sollte man sowieso vorsichtig sein, weil zur Herstellung und vor allem für die Konservierung häufig Zutaten verwendet werden, die dem Körper nicht gut bekommen. Wer nach dem Fasten und auch später auf Wurst nicht verzichten will, sollte auf jeden Fall sehr achtsam einkaufen.

Fette und Öl

Bei den Fetten empfiehlt es sich, pflanzliche Öle zu verwenden, vor allem Olivenöl und Sonnenblumenöl. Doch auch alle anderen Pflanzenöle sind leichter verträglich als tierische Fette. Ganz schwer zu verdauen ist Gebratenes, besonders die frittierten Speisen – die sollte man in den ersten drei Tagen strikt vermeiden. Auch später muss man wissen, dass der Körper nicht nur die Fette verdauen muss, sondern auch viel Verbranntes und Verkohltes.

Obst

Nach dem Fasten kann man erstaunlicherweise sofort einen Apfel essen – sogar roh, besser aber ohne Schale, weil die ziemlich schwer zu verdauen ist. Für alle anderen Obstsorten gilt: sich langsam wieder daran gewöhnen, gut kauen und – falls man sie nicht gut verträgt – vorher ein bisschen dünsten oder einlegen. Bedenkenlos darf man Bananen essen, allerdings kriegen manche davon Blähungen. Zitrusfrüchte, also vor allem Orangen, Mandarinen und Zitronen, gehören erst nach drei Tagen wieder auf den Speiseplan, weil sie eine geballte Ladung an Zitronensäure an den Magen abgeben. Und Trockenfrüchte müssen in jedem Fall lange eingeweicht werden – eher 24 Stunden als weniger.

Eier

Ganz wichtig zum Abfasten: Eier. Das Ei ist hervorragend geeignet und sehr bekömmlich, wenn es weich ist, aber Vorsicht bei hartgekochten Eiern.

Getränke

Bei den Getränken ist es ähnlich wie bei Milchprodukten und bei Gemüse: Alles was vorvergoren, vorverkocht, vorverdaut ist, darf man trinken – also Säfte und Tee, aber auch Wein, Bier und Most (doch Vorsicht wegen möglicher Blähungen, aber ansonsten ist Most ja vergoren und damit erlaubt). Beim Kaffee muss man aufpassen, weil er ein „Magenschleimhaut-Killer" sein kann. Kaffee sollte man nur als Genussmittel trinken. Eine Tasse Kaffee ist keine Katastrophe, aber mehr scheint für die meisten Menschen nicht besonders bekömmlich zu sein. Gut ist in jedem Fall, wenn man zum Kaffee immer wieder einen Schluck Wasser trinkt.
Wasser ist sowieso empfehlenswert, eigentlich optimal – aber bitte kein Mineralwasser! Das perlende kohlensäurehaltige Wasser bekommt dem Körper nicht so gut. Besser ist es, „stilles" Wasser zu trinken, also ohne Kohlensäure, weil dieses den Magen nicht aufbläht.

Gewürze

Gewürze kann man nach dem Fasten in jeder Form verwenden. Mit Salz sollte man allerdings vorsichtig umgehen, vor allem mit weißem Salz. Besser ist es, Natursalz zu nehmen – doch auch da muss man bedenken, dass der Körper beim Fasten eine Menge Wasser ausgeschieden hat und nicht gleich wieder zu viel Wasser binden will. Nicht schlecht ist es, mit Kräutern zu würzen, allerdings auch wieder in Maßen, damit man den Körper nicht gleich überschwemmt. Aber natürliche Gewürze wie Curry regen die Verdauung wieder an – und das ist gut für den Körper.

Von der Herstellung der Speisen

Grundsätzlich sollte man das Abfasten in den ersten drei Tagen nicht mit rohen, sondern mit gekochten oder gedünsteten Produkten beginnen, danach kann man Gebratenes essen – und zuletzt Gegrilltes, weil das Fleisch innen oft noch roh ist. Und Pizza? Man darf sie essen, so lange sie nicht „zusammengebraten" ist – und wenn die Zutaten nicht den Grundregeln des Abfastens widersprechen!
Zu diesen Regeln gehört auch, dass man zum Beispiel beim Frühstück nur eine einzige Scheibe Brot isst, am besten nicht frisch gebacken, sondern schon etwas älter – und dieses Brot kaue ich so intensiv und lange wie die Semmel beim Fasten. Natürlich gilt dieses bedächtige, bewusste Kauen nicht nur fürs Frühstück – und nicht nur für Brot, sondern auch für alle anderen Speisen.

Abfasten braucht eine gute Verdauung

Nach dem Fasten ist die regelmäßige Verdauung sehr wichtig. Mit dem Fastenbrechen wird auch das Bittersalz abgesetzt. Dass sich am nächsten und am übernächsten Tag wenig oder gar kein Stuhlgang einstellt, ist eigentlich normal, aber danach muss die Verdauung wieder funktionieren. Deshalb sollte man an den ersten beiden Tagen gleich nach dem Aufstehen mindestens einen viertel Liter lauwarmes Wasser trinken. Das Wasser fördert die Verdauung am Morgen und regt die Darm- und die Blasentätigkeit an. Falls am dritten Tag der Gang zur Toilette immer noch erfolglos ist, sollte man wieder Bittersalz nehmen. Jetzt gibt man einen flach gehäuften Teelöffel Bittersalz (Magnesium Sulfuricum) in einen viertel Liter Wasser, rührt um, lässt das Wasser einige Zeit stehen – und trinkt dann nicht alles, sondern nur das halbe Glas, also einen achtel Liter. Gibt es am folgenden Tag immer noch Probleme mit dem Darm, trinkt man erneut, aber nur noch die Hälfte von gestern, also einen sechzehntel Liter. Man darf sich natürlich nicht ans Bittersalz gewöhnen – spätestens nach drei Tagen muss die Verdauung auch ohne „Magnesium Sulfuricum“ wieder funktionieren.

Die Rückkehr zur regelmäßigen Verdauung ist ein sicheres Zeichen dafür, dass der Körper nach dem Abfasten seinen neuen Rhythmus gefunden hat.

Wie man mit dem Fastenbuch umgehen kann

Wir haben die vorliegende Fastenanleitung in den Rhythmus und Zeitraum der christlichen Fastenzeit gelegt – sie umfasst die 40 Tage vom Aschermittwoch bis zum Ostersonntag. Zusätzlich haben wir – nach dem Fastenende – noch die Osterwoche als Teil des Fastenprozesses „angehängt“, also die allmähliche Rückkehr zum Essen und in den Alltag, die mit dem „Weißen Sonntag“ abgeschlossen ist. Natürlich kann auch in einem anderen kalendarischen Zeitraum gefastet werden. Die Zeit vor Ostern eignet sich aber besonders gut, da das Fasten, wie es vor allem der heilige Benedikt von Nursia in seiner Regel versteht, Ostern als großes Ziel hat.

Für jeden einzelnen Fastentag und die sieben Tage nach Ostern geben wir auf einer Doppelseite jeweils in vier Abschnitten Impulse für den Tag:

- *ein spiritueller Leitgedanke*

Diesen geistlichen Impuls kann der Fastende mehrmals am Tag lesen, seinen Tag also sehr bewusst danach gestalten – und ins eigene Leben übertragen. In diesen Leitgedanken werden allgemein menschliche Erfahrungen sowohl auf dem

religiös-christlichen Hintergrund als auch im Zusammenhang mit dem Fasten gedeutet.

- *ein Gebet*

Dabei handelt es sich um ausgewählte Gebete der Fastenzeit, die meist auch in den kirchlichen Messbüchern zu finden sind. Das Gebet soll den Leitgedanken des Tages vertiefen. Denn die von uns empfohlene Form des Fastens ist keine Hungerkur, sondern ein spiritueller Prozess, der Leib und Seele berühren muss. Das Gebet ist der geistige Versuch des Fastenden, mit Gott in Berührung zu kommen – als Bitte, als Lobpreis, als Dank. Ausdrücklich möchten wir aber die Fastenden dazu motivieren, ihre eigenen, persönlichen Gebete zu formulieren.

- *eine Leibübung oder ein meditativer Text*

Der Text stammt jeweils aus der Heiligen Schrift oder aus der Regel des heiligen Benedikt – und soll den Fastenden spirituell begleiten. Man kann diesen meditativen Text mehrmals am Tag lesen, sich mit ihm auseinander setzen und sich in seinen Inhalt versenken.
Die Körperübung ist Bestandteil des ganzheitlichen Fastens – Leib und Seele gehören zusammen. Selbstverständlich kann die an einem bestimmten Tag empfohlene Übung immer auch ergänzt werden durch Leibübungen, die an anderen Tagen beschrieben wurden. Und an Fastentagen, denen im Buch nur ein meditativer Text zugeordnet ist, kann zusätzlich auch eine Körperübung gemacht werden – vor allem dann, wenn einem die Übung schon gut bekommen ist. Bei allen Körperübungen gilt natürlich: nicht übertreiben, aber auch nicht zu schnell aufgeben!
Der Körper braucht beim Fasten die gleiche Aufmerksamkeit wie die Seele. Nur so kann ein echter, tiefgründiger Prozess in Gang kommen.

- *eine Fastenerfahrung*

Auf jeder Doppelseite finden Sie auch ein Zitat. Diese Zitate stammen von Menschen, die selber einmal an einem Fastenkurs teilgenommen haben. Es sind Empfindungen, Erfahrungen und Beschreibungen des körperlichen oder seelischen Zustandes. Mit ihren Aussagen machen sich diese Menschen solidarisch mit dem, der an diesem Tag fastet und vielleicht ganz ähnliche Erfahrungen erlebt.

Am Ende einer jeden Woche gibt es im Buch eine „Inspiration“, in der ein wichtiges Thema des Lebens im Zusammenhang mit dem Fasten behandelt wird. Diese Texte wollen den Fastenden anregen, sich eigene Gedanken zu dem jeweiligen Thema zu machen und sich bewusst mit diesen Inhalten auseinander zu setzen.

Die 40 Fastentage

Inspiration zum Fastenbeginn

Das Spiel ist aus: Fasten heißt spielerisch Leben lernen

Im Buch der Weisheit, achtes Kapitel, heißt es: „Da spielte ich auf dem weiten Erdenrund, und ich hatte meine Freude mit den Menschenkindern". Spielt Gott wirklich bei uns Menschen mit?
Ein Spiel ist ein Abbild des wirklichen Lebens, weil man dabei Lebenserfahrungen macht. Und unser Leben auf Erden ist ein Abbild vom ewigen Leben – so erfährt man im Spiel tatsächlich auch die transzendente Wirklichkeit und Wahrheit Gottes.
Ob Kinder mit Puppen spielen, Erwachsene sich am Schachbrett gegenübersitzen oder Fußballer um den Sieg kämpfen: Im Spiel erlernen die Teilnehmer die Beziehungen des Lebens – es geht um Sieg und Niederlage, um Gewinn und Verlust, um Recht und Unrecht, um Liebe und Leid, um Leben und Tod. Wer nicht spielen kann, kann vermutlich auch nicht richtig leben – man muss nur einmal Kindern zuschauen, deren selbstvergessenes Spiel tiefe Wirklichkeit ist. Im spielerischen Umgang mit Lebenserfahrungen lernen Kinder und Erwachsene dem Leben zu vertrauen, es neu zu gestalten.
Das kann uns helfen, unser irdisches Leben wie eine „spielerische" Einübung des ewigen Lebens zu sehen.

Wenn wir das Spiel unseres Lebens mit ganzer Hingabe, mit Ernst und Freude, mit Engagement und Wahrhaftigkeit spielen, bauen wir nicht nur eine Brücke zum ewigen Leben, sondern erfahren bereits jetzt Ewigkeit.
Jeder, der sich und andere in diesem Lebensspiel betrügt, beleidigt oder nur so tut, als ob er wirklich bei der Sache ist, der belügt und belügt nicht nur andere, sondern auch sich selbst.
Deshalb sind Spielverderber und Mogler Lebenszerstörer. Die einen wollen bewusst stören – und die anderen missachten die Regeln, um sich einen Vorteil zu verschaffen. Doch die Regeln sind ein Schutz – für Starke und Schwache gleichermaßen. Sie zeigen auf, wie groß der Freiraum ist und wo die Grenzen beginnen, die nicht verletzt werden dürfen.
Das Spiel lehrt auch, wie man mit seinen Gefühlen umgeht. Glück und Trauer liegen oft nahe beieinander, es gibt Gewinner und Verlierer. Die eigene Geschicklichkeit, Übungsfleiß, Mut und kluge Selbsteinschätzung entscheiden darüber, ob das Spiel in Freude oder Enttäuschung endet. Das ist

beim Spiel genauso wie im Alltag oder im geistigen Leben.
Und ich erkenne im Spiel auch, dass Verluste, Schwierigkeiten und Schmerz, Konflikte, Brüche und Katastrophen ein Teil des Lebens sind. Häufig werden sie durch Menschen verursacht, nur selten können sie restlos verhindert werden, und oft ist auch niemand zu finden, der wirklich verantwortlich ist. Wenn ich spielen und leben will, muss ich mich immer von Neuem auf das Spiel des Lebens einlassen.
Im Laufe der Zeit, mit viel Erfahrung und Übung, wächst die Geschicklichkeit für das Spiel – und fürs Leben. Aber auch der beste Spieler weiß, dass er einmal eine Niederlage oder einen Verlust erleidet. Viele meinen, ein Spiel sei nur durch Schnelligkeit zu gewinnen. Doch das ist nur die eine Seite des Erfolgs; denn ein zu hohes Tempo gefährdet die Übersicht und das besonnene Handeln in kritischen Situationen – auch Langsamkeit kann eine Stärke sein. Und: Man braucht im Spiel wie im Leben auch eine Portion Glück, wenn die Karten verteilt werden. Nicht alles ist aus eigener Kraft machbar. Beim Spiel ist das den Menschen oft nicht bewusst. Deshalb können manche nicht aufhören – sie sind spielsüchtig geworden und wollen ihr Glück mit Gewalt erzwingen. Weil sie nie Verlierer sein wollen, sind sie die größten Verlierer.
Im Spiel werden durch die Selbstvergessenheit Raum und Zeitgrenzen überwunden – und der Mensch erfährt eine Wirklichkeit, die über seine rationale und materielle Alltagserfahrung weit hinausgeht. Deshalb ist jedes Spiel, zumindest im Ansatz, eine Möglichkeit der Gotteserfahrung.
Kreativität in der Kunst und in der Musik, lebendige Kommunikation und die Fähigkeit, im Modell (im Kleinen) das Ganze (das Große) zu erkennen, sind Voraussetzungen für eine spirituelle Erfahrung.

Fasten ist auch ein Spiel, eine „spielerische" Einübung von Tod und Leben. Beim Fasten macht ein Mensch die Erfahrung von Tod, Leid und Schmerz und erlebt danach das Leben in Fülle.
Durch die lebendige Erfahrung dieser Wirklichkeit kann das Geheimnis von Tod und Leben, von Kreuz und Auferstehung mitvollzogen und gelernt werden.
Ganzheitliches Fasten bringt nicht nur Regeneration am Körper, sondern auch an der Seele. Es macht dich vertraut mit dem Leben Jesu – und du erfährst sein Leben am eigenen Leib.

Der 1. Fastentag *Aschermittwoch*

Vom Kehraus zur Einkehr

Der Faschingstrubel ist vorbei – Schluss mit den Pappnasen! Nach der Maskerade beginnt, wirklich über Nacht, die Fastenzeit.
Immer mehr Menschen nehmen aus freier Entscheidung die Fastenzeit zum Anlass, um bewusst bei sich etwas zu verändern. Nach dem „Kehraus" legen sie ihre Verkleidungen ab und wenden sich ihrer inneren „Einkehr" zu. Sie nehmen in der Fastenzeit sich und ihr Leben zurück und gehen in einen neuen Rhythmus hinein.
Dieser Weg zu sich selbst wird am Aschermittwoch in der kirchlichen Liturgie besonders deutlich: Vom Menschen bleibt nur Asche übrig, die ihm an diesem Tag als Symbol der Vergänglichkeit auf die Stirn gezeichnet wird. Aber in der Asche, im Staub, in der Erde liegt der Keim zum neuen Leben. So wird die Asche zum symbolischen Nährboden für die Wandlung des Menschen. Der Aschermittwoch konfrontiert den Menschen mit dem Tod – und mit seiner Hoffnung auf die Auferstehung.
Beim Fasten lässt sich der Mensch sehr bewusst auf Verzicht und Verlust ein – im Vertrauen darauf, dass sich neues Leben entwickelt.

Gebet

Getreuer und heiliger Gott, im Vertrauen auf dich beginne ich diese 40 heiligen Tage des Fastens, des Neuwerdens und der Umkehr. Gib mir die Kraft, alles Zerstörerische zu lassen und mit Entschiedenheit das Gute zu tun.

Meditation

Vom Fasten

Wenn ihr fastet, macht kein finsteres Gesicht wie die Heuchler. Sie geben sich ein trübseliges Aussehen, damit die Leute merken, dass sie fasten. Amen, das sage ich euch: Sie haben ihren Lohn bereits erhalten. Du aber salbe dein Haar, wenn du fastest, und wasche dein Gesicht, damit die Leute nicht merken, dass du fastest, sondern nur dein Vater, der auch das Verborgene sieht; und dein Vater, der das Verborgene sieht, wird es dir vergelten.

Matthäus-Evangelium, Kapitel 6, 16 - 18

Eine Fastenerfahrung

Ein innerer Prozess beginnt

„Ich faste zum ersten Mal in meinem Leben und weiß nicht, worauf ich mich eingelassen habe. Noch fühle ich mich wohl. Ich vermute, dass bei mir ein innerer Prozess beginnt, dessen Ende ich nicht abschätzen kann.

Heute früh bin ich auf Anraten meines Fastenbegleiters in den Garten hinausgegangen und habe eine Hand voll Erde genommen. Ich habe sie sehr lange und sehr bewusst betrachtet – und habe darüber nachgedacht, ob sich daraus wirklich neues Leben entwickeln kann."

Der 2. Fastentag

Donnerstag nach dem Aschermittwoch

Vom Hören

Wenn ein Mensch bei sich etwas zum Guten verändern will, muss er erst einmal seine Wahrnehmung schulen – vor allem durch das Hören. „Höre" heißt das erste Wort in der Regel des heiligen Benedikt – und er meint damit, der Mensch soll wahrnehmen, was in ihm und um ihn herum geschieht. Dieses bewusste Wahrnehmen muss immer und immer wieder eingeübt werden. Dann entsteht eine Achtsamkeit gegenüber sich selber, zu anderen Menschen, zu Gegenständen, zur Natur. Im Hören spürst du den Rhythmus, der in allem schwingt – und in den du dich harmonisch einfügen kannst.
Hören ist ein Bindeglied zwischen Leib und Seele. Wer im Garten sitzt und hört, wie die Vögel singen, wie der Bach plätschert, der berührt auch seine Seele und tut ihr etwas Gutes. Indem der Mensch aufmerksam hört, schafft er Beziehungen – zu sich, zu anderen Menschen, zur Schöpfung. Der Mensch, der hört, überschreitet seine eigenen Grenzen. Das ist der Anfang der Transzendenz. In ihrer höchsten Form führt das Hören den Menschen zu Gott.
Deshalb ist es gut, während des Fastens das Hören, Horchen, Lauschen zu üben.

Gebet

Guter Gott, du willst nicht den Tod des Menschen, auch nicht des Sünders, sondern du willst, dass er immer wieder neu wird, umkehrt und lebt. Höre jetzt mein Bitten, auch wenn ich selbst weiß, dass ich Staub bin und zum Staub der Erde einmal zurückkehre. Hilf mir, diese 40 Tage des Fastens in rechter Gesinnung zu begehen. Erneuere mich nach dem Bild deines Sohnes und schenk mir das neue Leben.

Körperübung

Hören auf die Geräusche im Zimmer

Ich setze mich in meiner Wohnung an einen Platz, wo ich gerne sitze. Dann schließe ich die Augen und höre sehr bewusst auf die Geräusche um mich herum. Ich höre vielleicht die Uhr ticken, die eingeschaltete Spülmaschine, das Summen des Kühlschranks, die Autos draußen auf der Straße – all die vielen Geräusche, die den ganzen Tag auf mich eindringen, ohne dass ich sie bewusst wahrnehme. Jetzt gebe ich mich ganz dem Hören hin und achte zehn Minuten lang mit innerer Aufmerksamkeit auf diese Geräusche und die Bewegungen, die sie in mir auslösen.

Eine Fastenerfahrung

Die neue Erfahrung

„Durch das Fasten beschäftige ich mich beinahe ganz automatisch mit meinem Körper: Ich nehme ihn wahr, höre in ihn hinein und rede ihm gut zu. Mit der Entschlackung des Körpers möchte ich auch mein bewusstes und unbewusstes seelisches Gerümpel loswerden.
Das alles ist für mich eine völlig neue Erfahrung.“

Der 3. Fastentag

Freitag nach dem Aschermittwoch

Weniger ist mehr

In den 40 Tagen der christlichen Fastenzeit soll der Mensch nicht ganz aufs Essen verzichten, sondern es bewusst reduzieren. In der Ordensregel der Benediktiner heißt es dazu: „Der Mönch entziehe seinem Leib etwas (einen Teil!) an Essen, Trinken, Schlafen, Reden, Scherzen und harre in Freude und Sehnsucht des Geistes dem heiligen Osterfest entgegen." Es geht also beim christlichen Fasten um die Revitalisierung von Körper und Seele, um das Bewusstwerden des eigenen Lebens. Jeder soll in dieser Fastenzeit über das normale Maß hinaus sich in seinem Leben zurücknehmen, dann wird er – auch im Verzicht – Freude verspüren.

Beim Fasten nimmt der Mensch weniger zu sich, leistet also Verzicht – und erlebt am Ende der Fastenzeit die Freude der Auferstehung.

Das ganze Leben besteht ununterbrochen aus Verlusterfahrungen – immer wieder muss sich der Mensch damit abfinden, dass er sich von lieb gewordenen Dingen trennt. Und die letzte große Verlusterfahrung trifft ihn, wenn er sein irdisches Leben verliert. Die Auferstehung ist jedoch nicht nur ein Symbol, sondern eine wirkliche Erfahrung dafür, dass auch der Tod überwunden worden ist und das Leben einen neuen Anfang nimmt.

Im Fasten wird das Leben durch neue innere Erfahrungen bereichert, und der Verzicht wandelt sich zum Gewinn.

Gebet

Herr und Gott, in diesen heiligen 40 Tagen lege ich mein Leben in deine Hände. Hilf mir umzukehren, mein Leben zu verbessern und durch die Liebe zu vollbringen, was durch Lieblosigkeit in diesem Leben zerstört worden ist. Reinige das Herz und die Gedanken durch die Menschwerdung deines Sohnes.

Körperübung

In sich hineinhören

Ich sitze oder liege an einem Platz, an dem ich gerne bin – das kann zuhause sein oder in der Natur. Meine Augen sind geschlossen – und ich höre in mich hinein. Es sind die Geräusche meines Körpers, die ich bewusst wahrnehme: den Atem, beim Fasten das Knurren des Magens oder die oft merkwürdigen Geräusche im Darm, vielleicht vernehme ich sogar meine Herzschläge.
Was ich höre, nehme ich in mich auf, ohne es zu bewerten oder zu verurteilen.
Diese Übung mache ich zehn Minuten lang.

Eine Fastenerfahrung

So muss Sterben sein

„Ich bringe Erinnerungen von einer Tauchwoche am Sinai mit. Es war sagenhaft schön: Schwimmen im blauen Universum, im Nichts, in der Ewigkeit, in einem Schwarm blauer Fische – so muss Sterben sein, begleitet von Engeln.
Jetzt faste ich den dritten Tag, habe Hunger und freue mich, dass ich nicht arbeiten muss."

Der 4. Fastentag

Samstag nach dem Aschermittwoch

Der Fastenbegleiter

Zum Fasten gehört ein guter Begleiter. Er hindert den Fastenden daran, in allzu große, allein oft nicht zu bewältigende Schwierigkeiten zu geraten. Das kann ein Arzt sein, ein kompetenter Seelsorger oder ein Therapeut – also jemand, der selbst schon Erfahrungen im Fasten und tiefes spirituelles Wissen um das Menschsein hat. Er braucht außerdem Erfahrung in der Begleitung leib-seelischer Prozesse.

Der heilige Benedikt schreibt in seinem Fastenkapitel: „Was der Mönch in der Fastenzeit tut, denkt und wie er handelt, das soll er seinem Abt sagen; denn nur was mit dem Segen des Abtes geschieht, ist wirklich von Nutzen."

Der Begleiter ist für den Fastenden Korrektur und Stütze zugleich. Beide müssen zueinander Vertrauen haben, damit der Fastende seinen Weg wirklich in Sicherheit gehen kann. Wichtig dabei: Der Fastenbegleiter muss vor allem das Wort des Segens und der Ermutigung geben. Segnen heißt im Lateinischen „benedicere", also „Gutes sagen".

Der Fastenbegleiter hat die schwierige Aufgabe, für gute Gespräche zu sorgen und gemeinsam mit dem Fastenden dessen Beziehungen wieder herzustellen – zu sich selber, zu den Menschen, zu den alltäglichen Ereignissen und zu Gott und der Schöpfung.

Gebet

Herr unser Gott, komm meinem Beten und Denken, meinem Handeln und Arbeiten mit deiner Gnade zuvor und begleite es, damit alles, was ich beginne, bei dir seinen Anfang nehme und durch dich vollendet werde. Darum bitte ich dich durch Jesus Christus, deinen Sohn.

Körperübung

Auf jemanden hören

Ich wähle die Telefonnummer eines Menschen, mit dem ich auch sonst oft rede, und frage ihn, wie es ihm geht, was er gerade macht, was ihn beschäftigt oder bedrückt. Von mir selbst erzähle ich nichts – ich höre ihm nur zu und schenke ihm mein aufmerksames Hören.

Ich nehme seine Worte sehr bewusst wahr, frage vielleicht an bestimmten Stellen nach, ohne ihn jedoch ständig zu unterbrechen. Meine ganze Aufmerksamkeit gilt seinem Leben. Mein inneres Ohr hört nur auf ihn.

Dieses Gespräch sollte fünf bis zehn Minuten dauern.

Eine Fastenerfahrung

Ein schlechter Vormittag

„Heute Vormittag ging es mir nicht gut. Ich bekam starke Kopfschmerzen, zwischendurch war mir richtig schlecht.

In meinem Fastenführer habe ich dann gelesen, was der Grund für meinen lausigen Zustand sein könnte. Wahrscheinlich habe ich das tägliche Bittersalz-Wasser zu schnell getrunken – und ich muss den Zitronensaft weglassen.

Nachdem ich zwei Teelöffel Honig genommen hatte, vergingen die Kopfschmerzen. Dann machte ich einen Spaziergang an der frischen Luft, danach legte ich mich eine halbe Stunde aufs Bett und dachte über mich nach.

Gegen Mittag ging es mir wieder gut."

Inspiration zur ersten Fastenwoche

Vom Aufhören und Loslassen

Jeder Mensch verfängt sich in seinem Leben in Gewohnheiten, an denen er hängt. Er tut sich schwer, sich von ihnen zu trennen. Sie freuen ihn, bedrücken ihn, beschäftigen ihn, ärgern ihn – und er kann nicht von ihnen lassen. Doch was braucht der Mensch wirklich? Was ist für sein Leben wichtig – und womit muss er aufhören?
Beim Fasten macht man diese Erfahrung des Loslassens ganz praktisch, weil man einfach weniger isst. Mit dieser Erfahrung wird ein Weg eingeschlagen, der zur Gelassenheit führt, einem Zustand, den alle großen Religionen und Weisheitslehren als inneren Frieden beschreiben.
Allein das Loslassen macht den Menschen jedoch nicht frei – er muss auch darauf achten, dass er den alten Fehlern nicht wieder verfällt.
Deshalb ist beim Fasten die Haltung der Buße wichtig. Buße hat heute einen Beigeschmack von Strafe – das ist hier nicht gemeint. Sondern Buße im eigentlichen Wortsinn, heißt „sich bessern" – und zwar dort, wo ich „gesündigt" und mich vom Leben „abgesondert" habe. Sünde ist bewusste Absonderung und Abwendung, ist eine Verachtung des Lebens.

Buße tut ein Autofahrer nicht, wenn er immer wieder seinen Strafzettel wegen überhöhter Geschwindigkeit bezahlt, sondern wenn er seine Fahrweise ändert und sich bessert, indem er sein Tempo mäßigt.
Von alten Fehlern zu lassen und sich – in einem Prozess der Besserung – zu ändern, bringt das Leben des Menschen wieder ins rechte Maß: beim Essen, in den Beziehungen zu sich selbst, zu ande-

ren Menschen, zur Natur, zur Schöpfung und zu Gott.

Loslassen bedeutet auch: umkehren, die Richtung ändern, sich abwenden vom alten Trott. Dadurch beginnt im Menschen eine innere Wandlung, die das Leben fördert. Diese Umkehr soll nicht aus Resignation oder nur aus dem Verstand heraus erfolgen, sondern aus der Bereitschaft zum Wandel, der zu einem Geschenk der Erneuerung werden kann. Voraussetzung dafür ist, Altes zu beenden – und sich auf das Neue hinzubewegen und sich darauf einzulassen. Dazu ist es nötig, sehr aufmerksam in sich hineinzuhören, um zu erfahren, was man im Leben wirklich braucht – und wovon man sich trennen soll. Das ist oft verbunden mit Angsten und Zweifeln. Im Letzten muss sich jeder Mensch mit dem Tod auseinander setzen und sein irdisches Leben loslassen – in der Zuversicht und im Vertrauen darauf, dass Gott seiner Seele das Leben in Fülle schenkt.

Mit ganzheitlichem Fasten wird ein sanfter Wandlungsprozess begonnen, nicht nur durch das Fasten des Leibes, sondern durch das Bewusstwerden, durch das „Hören“ auf das Leben und die daraus entstehenden Erkenntnisse, die zur Veränderung führen.

Das Wunder des Fastens geschieht auf höchst einfache Art und Weise:

- durch Weglassen von Nahrung
- durch Loslassen von Gedanken und Gefühlen
- durch Verdauung von Unverdautem im Leib und in der Seele
- durch eine neue Sensibilität für das neue Leben, das in den leeren Räumen Platz finden kann.

Der 5. Fastentag

Erster Fastensonntag

Loslassen

Es gibt einen körperlichen und seelischen Zustand, der in allen Religionen und Weisheitslehren als vollendete Form des Menschseins beschrieben wird: heitere Gelassenheit. In diesem Begriff steckt das Wort „lassen" – loslassen.

Der Mensch muss sich im Leben immer wieder von manchen lieb gewordenen Dingen trennen, sonst kann er nicht zu sich finden – und nicht zu Gott. Ängste und Ärger, Süchte und Begierden versperren den Weg zur Wahrheit, zum Leben.

Loslassen ist nicht leicht und braucht Überwindung. Es gelingt nur dann, wenn man wieder mit sich selber in Berührung kommt, sich berühren lässt. Der Mensch hängt an vielen Dingen, die ihm wichtig scheinen: an Gewohnheiten, Vorurteilen, Wünschen und Emotionen. Er glaubt, sein Leben zu verlieren, wenn er sich von ihnen trennt.

Fasten ist ein guter Weg, das Loslassen einzuüben. Der Mensch scheidet körperliche und seelische Ansammlungen aus, der Leib wird reduziert und gereinigt. So wird der Fastende frei für Neues, für seine Wandlung, für die innere Umkehr. Diese Erneuerung bringt ihn wieder in Beziehung zu sich selbst, zu anderen – und zu Gott.

Es ist deshalb gut und sinnvoll, während des Fastens zu überlegen, welche Dinge, Menschen und Vorstellungen ich loslassen muss, um weiterleben zu können.

Gebet

Allmächtiger, gütiger Gott, du schenkst uns diese heiligen 40 Tage des Fastens als eine Zeit der inneren und äußeren Erneuerung. Gib, dass durch diese Feier die Gnade der Erkenntnis Jesu Christi und des Lebens in uns wächst und die Kraft der Erlösungstat deines Sohnes in meinem Leben durch Glaube, Hoffnung und Liebe sichtbar wird.

Körperübung

Verkrampfungen spüren und lösen

Ich stehe ruhig und entspannt auf meinen Füßen. Augen und Mund sind locker geschlossen, die Arme hängen seitlich herab. Jetzt gehen meine Gedanken sehr bewusst durch den ganzen Körper – von den Fußsohlen über die Zehen und das Knöchelgelenk langsam höher zu den Waden und Oberschenkeln, zum Becken und zum Kreuzbein, dann die Wirbelsäule hinauf über den Brustkorb, über Schultern und Arme zum Gesicht und zum Kopf – ich spüre nach, wo ein Organ oder ein Gelenk verkrampft sind. Wenn ich eine Verspannung wahrnehme, richte ich meine Aufmerksamkeit darauf und bewege mich leicht, um diese Verkrampfung zu lösen.

Das wiederhole ich so oft, bis ich fühle, dass der ganze Körper ruhig und gelöst ist.

Wenn jemand Schwierigkeiten mit seinem Kreislauf hat, kann er diese Übung auch im Liegen machen.

Eine Fastenerfahrung

Geschehen lassen

„Das Schöne am Fasten ist, dass ich wirklich nichts tun muss. Zuerst hatte ich das Gefühl, dass ich beim Fasten etwas leisten muss, um abzunehmen oder große Erkenntnisse zu bekommen, aber das habe ich mir schon nach wenigen Tagen abgeschminkt. Fasten heißt für mich: Ich lasse es geschehen und übergebe mich einfach dem Rhythmus des Tages."

Aufräumen im Leben

Die meisten Menschen räumen ungern auf – wahrscheinlich aus Angst, dass sie dabei etwas beenden oder abgeben müssen.

Durch das Fasten räumt der Körper auf. Er baut Schlackstoffe und Gifte ab, die sich oft über Jahre angesammelt haben. Der Entzug von Nahrung gibt dem Körper die Möglichkeit, sich von Altem und Überständigem zu trennen – er scheidet aus, was ihn belastet.

Beim Fasten tut der Mensch jedoch nicht nur seinem Körper etwas Gutes, sondern er kann auch seinen „geistigen Müll" anschauen: seine Laster, seine Süchte und Begierden. Wie lange schleppt man oft Neidgefühle mit sich herum, seinen Hass und seine Wut, den Stolz und die Gier nach vielem, was das Leben scheinbar angenehmer macht.

Leib und Seele hängen eng zusammen. Wenn der Körper angesammelte Giftstoffe beim Fasten ausscheidet, tut es auch der Seele gut – und wenn ein Mensch mit seinen Lastern und Begierden „aufräumt", fühlt er sich auch körperlich wohl.

Aufräumen im Leben, Ordnung schaffen, sich reinigen und Platz schaffen für Neues – darin liegt das große Geheimnis beim ganzheitlichen Fasten.

Gebet

Gott, du bist unser Heil. Gib mir und uns allen die Gnade, zu dir umzukehren, um wieder zum Leben zu finden. Erleuchte den Verstand, den Leib, die Seele und das Herz und stärke unseren Willen, damit für mich und für uns alle diese Zeit des Fastens zum Segen wird.

Körperübung

Bewusst sehen

Ich setze mich daheim auf einen Stuhl und richte meine ganze Konzentration auf einen vertrauten Gegenstand – das kann ein Tisch sein, ein Schrank, der Vorhang, eine Türe, ein Bild, die Blume in der Vase. Diesen Gegenstand schaue ich sehr bewusst an. Ich lasse mich von ihm „berühren" und versuche, sein Wesen zu erfassen. Wenn ich zum Beispiel einen Stuhl betrachte, denke ich daran, dass er seit Jahren „da" ist, dass sich Freunde und Angehörige auf ihn gesetzt haben, dass er tagaus, tagein für mich einen „stummen Dienst" tut. Ich schaue diesen Gegenstand an und nehme wahr, dass er eine Bedeutung für mich und mein Leben hat.
Diese Übung mache ich etwa zehn Minuten lang.

Eine Fastenerfahrung

Wie im Rausch

„Ich habe mir eine Woche Urlaub genommen und faste daheim. Ich genieße es, so viel Zeit für mich zu haben. Die Arbeit und meine täglichen Sorgen habe ich losgelassen.
Heute ist mein sechster Tag, dass ich nur Tee, Säfte und Wasser trinke. Ich träume nachts – und manchmal sogar am Tag, wenn ich mich für kurze Zeit hinlege.
Es geht mir phantastisch – ich fühle mich, wie wenn ich einen leichten Rausch habe."

Im leeren Raum entsteht das Neue

Fasten ist ein Prozess der inneren Reinigung und des Aufräumens. Der Körper scheidet den angehäuften Müll aus, und gleichzeitig befreit sich die Seele von vielem, was sie – oft über Jahre hinweg – angehäuft hat und wodurch sie bedrückt wird.
Wie daheim im Haus oder in der Wohnung beim Großreinemachen überflüssiges Gerümpel entfernt wird, so räumt das Fasten im Menschen auf. Er entleert sich körperlich und seelisch und schafft Raum für Neues. Eine Pflanze braucht Platz, sonst kann sie nicht wachsen – genauso ist es beim Menschen. Liebe, Ehrfurcht vor dem Leben, Hingabe – sie können sich erst entwickeln, wenn der Mensch in sich aufgeräumt hat. „Der Keim der Liebe braucht die Leere“ sagte einer der großen Befreiungstheologen Südamerikas. Wer seine inneren Stauräume zustellt mit dem Müll seines Lebens, wird es schwer haben, sich zu entwickeln – ob in der Familie oder im Beruf, in seinen Beziehungen zu sich selber, zu anderen Menschen oder zu Gegenständen, zur Natur, zur Schöpfung oder zu Gott.
Das Fasten schafft durch weniger Nahrung Freiraum im Körper und Freiraum für die Verarbeitung seelischer Erfahrungen.

Gebet

Allmächtiger, ewiger Gott, du bist der Ursprung aller Dinge. Du gibst uns Speis und Trank als Hilfe für unser irdisches Leben. Ich bitte dich um Segen für alles, was du uns in die Hände gelegt hast, damit das, was wir zum Leben brauchen, mit deiner göttlichen Kraft erfüllt wird.

Körperübung

Tasten

Ich setze mich daheim entspannt auf einen Stuhl und schließe meine Augen. Meine linke Hand lege ich in den Schoß – und mit der rechten taste ich sie ganz bewusst ab. Ich spüre die Finger, die Fingerkuppen, die Nägel, die kleinen Gelenke und die Gliederteile. Ich taste jeden Finger einzeln ab – den Daumen, den Zeigefinger, den Mittelfinger, den Ringfinger und den kleinen Finger. Dann berühre ich die Innenfläche der Hand bis hin zum Gelenk. Ich spüre bewusst meine Hand – wie sie sich anfühlt. Dann lege ich die andere Hand in den Schoß und wiederhole die Übung. Jetzt spüre ich auch, ob es zwischen den beiden Händen einen Unterschied gibt – vielleicht durch eine Verletzung, durch altersbedingte Veränderungen, durch den Ehering oder anderen Fingerschmuck.
Ich nehme die Werkzeuge meines Tastens und Spürens bewusst wahr.

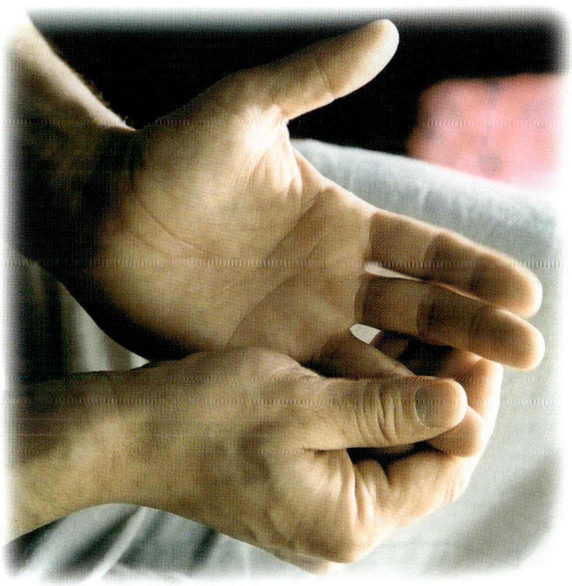

Eine Fastenerfahrung

Zu inneren Quellen

„Fasten ist keine Todesbotschaft, sondern eine Botschaft zum Leben hin. Obwohl ich eine wichtige Lebensquelle verlassen habe, nämlich das Essen, kann ich mich neu und auf ganz andere Weise auf das Leben einlassen.
Spätestens heute hat mein Körper kapiert, dass von außen nichts mehr kommt. Ich glaube, er ist umgekehrt, hat sich nach innen gewendet und greift auf seine Depots zurück. So führt mich der heutige Tag zu meinen inneren Quellen."

Der 8. Fastentag

Mittwoch in der zweiten Fastenwoche

Fasten und Riechen

Fasten führt auch zu einer stark verfeinerten Sinneswahrnehmung – man nimmt andere und sich selber intensiver wahr als sonst. Das gilt vor allem für das Riechen.

Sympathien und Ablehnung hängen – im wahrsten Sinn des Wortes – oft davon ab, ob man den anderen „riechen" kann oder nicht. Jemanden „nicht riechen können" bedeutet: Entweder hat dieser Mensch gar keinen Geruch, weil er sich vielleicht zu oft wäscht, zu häufig duscht und badet – oder er kann unausstehlich sein, weil er sich nicht wäscht und deshalb am ganzen Körper stinkt oder sich in aufdringliche Parfümwolken einhüllt. In beiden Fällen schließt man sich vom Leben aus – in der Beziehung zu sich selber oder zu anderen Menschen. Geruch ist eine Botschaft, die man mit der Nase erfährt. Er fördert Beziehungen – oder blockiert sie.

Beim Fasten scheidet der Mensch alle seine im Körper angesammelten „Gerüche" aus: über die Haut, über den Atem, über die Schleimhäute im Mund, beim Stuhlgang und als Urin. Auch geistige Ausscheidungen erlebt der Fastende, denn der Reinigungsprozess erfolgt äußerlich und innerlich – er umschließt sowohl den Körper als auch die Seele. Deshalb ist es gut, beim Fasten bewusst auf die Körperpflege und die Seelenpflege zu achten. Das Waschen des Leibes ist auch eine Form der Reinigung der Seele.

Gebet

Gott, der du gütig bist, nimm durch diese heilige Fastenzeit alles von uns, was uns belastet. Heilige uns an Leib und Seele, damit wir so erneuert uns in rechter Weise auf das Osterfest vorbereiten. Darum bitten wir durch deinen Sohn, Jesus Christus.

Körperübung

Riechen

Beim Fasten kann man Gerüche viel intensiver wahrnehmen als sonst.

Ich setze mich daheim in die Küche, schließe die Augen und konzentriere mich nur noch auf die Gerüche, die ich mit meiner Nase wahrnehme: bestimmte Gewürze oder Tees, einzelne Gemüsesorten, die auf dem Herd gekocht werden, Fisch oder Fleisch, das Aroma von Kaffee.

Ich kann mich auch in verschiedene Räume begeben und prüfen, ob sie einen unterschiedlichen Geruch haben – die Küche, das Wohnzimmer, der Keller, der Hobbyraum. Dabei achte ich darauf, wie Holz riecht oder Plastik, der Teppich oder die Blume in der Vase.

Und ich versuche auch, mich selber zu riechen. Gerade während des Fastens scheidet der Mensch viel „Müll" aus – über die Haut und den Atem, im Urin und beim Stuhlgang.

Eine Fastenerfahrung

Auf Flügeln

„Früher konnte ich mir nicht vorstellen, dass ein Mensch eine Woche oder langer ohne Nahrung auskommen kann. Ich bewunderte Menschen, die in einen Hungerstreik getreten waren. Heute weiß ich, dass man beim strengen Fasten schon nach zwei, drei Tagen kein Hungergefühl mehr hat – im Gegenteil: Jetzt gehe ich in die zweite Fastenwoche und bin in Hochstimmung. Haut und Haare sind ganz weich, ich gehe einen Meter über dem Boden – und fühle mich wie neu geboren."

Der 9. Fastentag

Donnerstag in der zweiten Fastenwoche

Mit Wachsamkeit gegen Laster

Wie alle Menschen waren auch Mönche und Nonnen Versuchungen ausgesetzt. In ihrer bildhaften Sprache bezeichneten sie die Laster als Dämonen, die den Menschen befallen und quälen: Völlerei, Habgier, Traurigkeit, Zorn, Trägheit, Unzucht und Stolz. Diesen Lastern wurden sieben Tugenden entgegengesetzt, mit denen die Anfechtungen bekämpft werden konnten: Glaube, Hoffnung und Liebe, Tapferkeit, rechtes Maß, Gerechtigkeit und Klugheit.

Diese alten Erkenntnisse sind auch heute noch aktuell, wenn Störungen Leib und Seele verwirren. Laster ist allerdings ein antiquiertes Wort – heute würde man eher von Fehlverhalten sprechen. Im Laster drückt sich die Pervertierung aus: die Sehnsucht wird zur Sucht – und diese Versuchungen laufen fast immer nach dem gleichen Muster ab.

Das wirksamste Gegenmittel ist Wachsamkeit. Wenn sich eine Versuchung erst einmal im Menschen „festgesetzt" hat, schwächt sie ihn, macht ihn von Mal zu Mal unreifer und süchtiger. Die zerstörerischen Kräfte wandeln sich nicht selten sogar in eine körperliche Krankheit um.

Beim Fasten kann der Mensch Aufmerksamkeit neu lernen und in besonderer Weise auf sich selber und das Leben achten.

Laster verdrängen beim Menschen die Wirklichkeit, weil sie im Vordergründigen hängen bleiben. Die sensible Wahrnehmung der eigenen Gefühle und Bewegungen bringt ihm das Leben zurück.

Gebet

Gütiger Gott, nimm dich meiner Schwachheit an, damit ich mehr und mehr fähig werde, in der Auseinandersetzung mit den zerstörerischen Mächten in mir und um mich herum zu bestehen. Nimm du mich in deine Hand und schütze mich.

Meditation

In der Fastenzeit

Jeder möge über das ihm zugewiesene Maß hinaus aus eigenem Willen in der Freude des Heiligen Geistes Gott etwas darbringen; er entziehe seinem Leib etwas an Speise, Trank und Schlaf und verzichte auf Geschwätz und Albernheiten. Mit geistlicher Sehnsucht erwarte er das heilige Osterfest.

Aus der Regel des heiligen Benedikt

Eine Fastenerfahrung

Die Laster anschauen

„Wichtig war mir heute, dass ich sehr bewusst meine Laster angeschaut habe und ihnen ‚nachgegangen' bin. Dabei habe ich gespürt, dass mir noch vieles unklar ist. Weitergeholfen haben mir drei Fragen, mit denen ich mich am Nachmittag beschäftigt habe:

Was belastet mich?
Was kann mich befreien?
Will ich ins Leben zurückkehren?"

Tugenden auf dem Prüfstand

Kein Mensch kann in Frieden leben. Ärger und Streit gehören zum Leben – es wäre eine Illusion, diese Realität zu verdrängen. Aber man darf auch nicht daran verzweifeln.

Die Menschen sind unvollkommene Wesen mit Stärken und Schwächen. Unzulänglichkeiten und Fehler gehören zum Leben. Das führt natürlich zu gegenseitigen Verletzungen und Beleidigungen – und die Frage ist, wie man damit umgehen kann.

Provokant gesagt, müsste jeder einem anderen, der ihn gekränkt oder gedemütigt hat, dankbar sein. Denn nur an ihm kann er prüfen, wie es um seine eigenen Tugenden und um die Kraft seines Herzens steht. Bin ich wirklich hilfsbereit? Wie steht es um meine Toleranz? Habe ich Ehrfurcht, Mitgefühl?

An guten Freunden kann man solche Eigenschaften nicht messen – erst der „Feind", der Fremde, der Gegner stellen mich auf den Prüfstand. Bei einem unsympathischen Menschen oder bei einem, der dich verletzt hat oder dir schadet, zeigt sich, ob du selber wirklich die Tugenden und die innere Kraft des Herzens besitzt, die entscheidend für das Leben sind: Verzeihen und Dankbarkeit, Solidarität und Nächstenliebe, Demut und Klugheit.

Jesus hat gezeigt, wie wir handeln sollen: „Es ist euch gesagt: Du sollst deinen Freund lieben und deinen Feind hassen. Ich aber sage euch: Liebt eure Feinde und tut Gutes denen, die euch hassen." Diese Umkehrung aller alten Maßstäbe würde unser Leben total verändern und uns gesund machen. Die Feindesliebe ist eine der schwierigsten Übungen im ganzheitlichen Fastenprogramm.

Gebet

Herr, unser Gott, schau gütig auf alle, die in diesen Tagen fasten. Schau auch auf mich. Wenn wir durch Fasten und Übungen unseren Leib und unsere Seele versuchen zu stärken, dann gib unserem Geist und unserer Seele die wahre Sehnsucht nach dir und dem Leben.

Körperübung

Schmecken

Beim Fasten wird die Nahrungsaufnahme reduziert – dadurch entfaltet sich der Geschmackssinn sehr intensiv. Ich schmecke die verschiedenen Tees, den Gemüsesaft, sogar den Geschmack von Wasser nehme ich wahr. Wenn ich beim Fasten meine tägliche Semmel esse, spüre ich beim bedächtigen Kauen wieder den wunderbaren Geschmack, den ich sonst kaum beachte.

Überhaupt: Wenn ich beim Fasten etwas zu mir nehme, setze ich mich in aller Ruhe hin und achte sehr bewusst auf den Geschmack.
Dabei spüre ich in mir auch das Begehren, etwas Gutes zu schmecken.

Eine Fastenerfahrung

Was ist Fasten?

„Fasten empfinde ich als Speise für die Seele. Es schärft meine Wachsamkeit – und plötzlich nehme ich Dinge wahr, die ich bisher nicht beachtet habe: den Duft und die Farben von Blumen, den Geschmack einer alten Semmel, mein Unvermögen, Gefühle auszudrücken. Mit großer Freude stelle ich fest, dass mich das Fasten zum Leben zurückbringt."

Der 11. Fastentag

Samstag in der zweiten Fastenwoche

Heilsame Tränen

Jeder hat Gewohnheiten, auf die er nicht verzichten will: Partys und kleine Flirts, Hänseleien und Herumnörgeln an Nachbarn, Wut auf einen Arbeitskollegen, Besserwisserei, Neid – die Liste ist oft lang. Insgeheim werden solche Gewohnheiten regelrecht gepflegt, sie machen das Leben scheinbar angenehm, weil sie dich von deinen tiefsten inneren Empfindungen ablenken können. In Wahrheit belasten sie den Menschen auf seinem Weg zu sich selber, zu anderen Menschen – auch zu Gott. Wir klammern uns an sie und wollen alles festhalten. So entsteht eine Art Angst vor dem Verhungern, falls man sie loslässt.

Aus Hunger nach Leben fressen wir vieles in uns hinein, das uns nicht gut tut. Meist kommt man nicht auf die Idee, sich von dieser Last wieder zu trennen, sie auszuscheiden.

Loslassen gelingt nur dann, wenn man sich berühren lässt. In seinem Fastenkapitel sagt der heilige Benedikt, dass es sogar gut ist zu weinen: Das Wasser und die Gnade der Tränen lösen im Körper und in der Seele Angestautes, Verhärtetes, Erstarrtes auf und leiten es aus.

Fasten ist ein wunderbarer Prozess des Loslassens, und dabei sollten wir auch für unsere Tränen dankbar sein.

Gebet

Ewiger und heiliger Gott, zum Heil unserer Seele willst du, dass wir durch das Fasten den Leib in innere und äußere Ordnung bringen – und umkehren. Gib uns die Kraft, dass wir uns von allem freihalten, was uns belastet, und die Gebote des Lebens erfüllen, die uns deine Liebe gegeben hat. Darum bitten wir durch Christus, unseren Herrn.

Meditation

Was ist die Fastenzeit?

Der Mönch soll zwar immer ein Leben führen wie in der Fastenzeit. Dazu haben aber nur wenige die Kraft. Deshalb raten wir, dass wir wenigstens in diesen Tagen der Fastenzeit in aller Lauterkeit auf unser Leben achten und gemeinsam in diesen heiligen Tagen die früheren Nachlässigkeiten tilgen. Das geschieht dann in rechter Weise, wenn wir uns vor allen Fehlern hüten und uns um das Gebet unter Tränen, um die Lesung, die Reue des Herzens und um Verzicht bemühen.
Gehen wir also in diesen Tagen über die gewohnte Pflicht unseres Dienstes hinaus durch besonderes Gebet und durch Verzicht beim Essen und Trinken.

Aus der Regel des heiligen Benedikt

Eine Fastenerfahrung

Nicht ärgern, nicht verdrängen

„Wir haben heute im Fastenkurs über Gier und Begehren gesprochen, über Sucht und Sehnsucht, über Versuchen und Versuchung. Ich habe über meine eigenen Erfahrungen nachgedacht, habe ihnen Aufmerksamkeit geschenkt und versucht, sie sehr bewusst wahrzunehmen – ohne sie zu bewerten, zu verurteilen oder mich darüber zu ärgern."

Inspiration für die zweite Fastenwoche

Mangel und Fülle

Wo wir auch hinschauen – überall entdecken wir, dass irgendetwas ungerecht verteilt scheint: Die einen haben zu viel, die anderen zu wenig – das gilt für Geld und Gesundheit, für Intelligenz und Wissen, für Gefühle und Wahrnehmungen, auch für das Gewicht des Menschen.

Beim genauen Hinsehen stellt sich meist heraus, dass der Mangel aus einer Überfülle kommt. Wer zum Arzt geht, fragt: „Was fehlt mir?“ Aber das Medikament kann dem Kranken auf Dauer seine fehlende Gesundheit nicht ausgleichen – und ähnlich ist es mit anderen Defiziten. Übertriebene Fülle ist genauso ein Mangel wie große Not.

Wer ein tolles Auto besitzt, verspürt in sich gleich den Wunsch nach dem noch besseren Modell – und will seinen Wunsch am besten sofort erfüllen. Ob Auto oder Vermögen, Gefühle oder Beziehungen: Das ganze Leben ist ständig von Mangel und Fülle begleitet.

Deshalb ist es wichtig, über den Mangel nachzudenken und sich bewusst zu machen, was einem im Leben wirklich fehlt – oder was vielleicht nur der Sofort-Befriedigung dient.

Die Menschen neigen dazu, für Defizite, die sie erleben, andere verantwortlich zu machen. Sie delegieren also die Lösung ihrer Schwierigkeiten gern zu anderen Menschen oder an höhere Instanzen. Aber das kann das Problem nicht lösen.

Dazu ist der Blick in den Spiegel hilfreich. Man muss sich, statt den Fehler gleich auf andere zu schieben, die eigenen Schwächen ansehen. Das ist ein unangenehmer, oft schmerzhafter Prozess. Die bewusste Wahrnehmung der eigenen Defizite bringt meistens ans Licht, dass die Ursache einfach in Übertreibungen liegt – der Mensch achtet in seinem Körper, bei der Seele und im Geistig-Religiösen nicht auf das gesunde Maß.

Zum Beispiel können wir die Fülle an Kommunikation nicht mehr verkraften: Radios, Zeitungen, Fernsehen, Telefon, die Handys – die Überfülle geht auf die Nerven. Wir essen zu viel, unsere Sinne fürs Hören, Riechen und Tasten werden überstrapaziert. Ruhelosigkeit auch bei der Verdauung, beim Atem, im Herz – wir sind mit viel zu hohem

Tempo unterwegs. Darunter leiden die Gelassenheit, das Schweigen, die Wahrnehmung der Natur und der Rhythmen, die ein Leben prägen und der Seele gut tun. Um Mangel und Fülle ins rechte Maß zu bringen, muss der Mensch seine Kreativität einsetzen und seine Beziehungen betrachten – zu sich, zu anderen, zu Gott. Dann kann er erfahren, was im Leben wirklich ein Mangel ist und wie er ausgeglichen werden kann. Der Mangel, den ich aus dem Geldbeutel begleichen kann, gehört meistens nicht dazu.

Die meisten Menschen wollen fasten, weil sie eine zu große Körper-Fülle (Übergewicht) haben. Diese Fülle ist oft die Ursache für den Mangel an Gesundheit des Leibes und der Seele.

Zu viel und zu unbewusst Essen ist ja häufig der Versuch, einen Mangel an seelischer Zuwendung, an geistlicher Nahrung auszugleichen. Aber dadurch wird meist nur der Körper gefüttert – und das Herz verhungert.

Will man das Herz und den Geist wieder richtig ernähren, kann es hilfreich sein, durch Fasten im Körper Freiräume zu schaffen – für die Seele, die im Leib wohnt. Und dort, wo der Leib überlastet ist, leidet auch die Seele. Sie kann sich nicht mehr bewegen, sich nicht mehr zu Gott erheben, um mit ihm und mit den Menschen in Beziehung zu treten. Ganzheitliches Fasten will den Hunger der Seele stillen.

Das Fasten macht manchmal auch Angst und wird deshalb von vielen belächelt, abgelehnt und sogar als Unsinn deklariert – sogar zu Recht, wenn es nur um ein paar Kilo weniger Körpergewicht geht.

In Wahrheit steht aber hinter dieser Angst oft die Unfähigkeit des Menschen, sich zu wandeln und an das Leben zu glauben. Es ist ja auch schwer mit dem Verstand zu begreifen, dass man nur durch Mangel, durch Freiraum, durch Leere erfüllt werden kann. Doch wirkliche Fülle des Lebens kann der Mensch erst erfahren, wenn es in ihm einen leeren Raum gibt, vielleicht ein Defizit, vielleicht Hunger nach Leben. Durch Fasten entsteht dieser Leerraum. Dann kann auch die oft mühsame Reinigung der Seele und des Geistes geschehen – sie schenkt dem Menschen das Vertrauen, dass er von Gott mit dem Leben beschenkt wird.

MORRA

Der 12. Fastentag

Zweiter Fastensonntag

Einsam und gemeinsam

Jeder Mensch braucht in seinem Leben Phasen, in denen er bewusst nur bei sich selber ist – und Zeiten, die er gemeinsam mit anderen verbringt. Dieser Wechsel von individuellem Leben und Miteinander erfordert einen guten Rhythmus, damit dem Menschen das rechte Maß in seinen Beziehungen nicht verloren geht.

Im Körper erfüllt jedes Organ seine ganz spezifische Aufgabe, doch muss, zum Beispiel, der Darm auch im Zusammenspiel mit der Leber und dem Magen, mit dem Herzen und den anderen Organen harmonieren, sonst wird der Mensch krank.

Das Gleiche gilt für Gefühle und für Beziehungen. Deshalb ist die Achtsamkeit wichtig – zu sich selber und zu anderen. Sich selbst und andere Menschen bewusst wahrzunehmen, ist die Voraussetzung dafür, dass man in seinen Beziehungen das rechte Maß findet.

Der permanente Wechsel zwischen Einsamkeit und Gemeinschaft setzt voraus, dass man sich bewegt. Nur dann können Beziehungen entstehen. Das schließt allerdings ein, dass man dabei auch verletzt wird. Aber Schmerz und Verwundungen gehören zum Leben, weil sonst keine Entwicklung geschehen kann.

Fasten an Leib mit Seele macht mir meine Einsamkeit und Gemeinsamkeit bewusst. Ich erlebe und erkenne, welche echten und tiefen Beziehungen ich habe, unter welchen ich leide und welche mir Leben und Hoffnung geben.

Gebet

Barmherziger Gott, du siehst in unser Herz und kennst unsere Sehnsucht und unser Wollen. Stärke uns in diesem Leben, in unserem Alltag mit deinem Geist, damit wir zum ewigen und vollendeten Leben gelangen.

Körperübung

Auf die Gedanken hören

Ich lasse mich – daheim oder in der freien Natur – auf einem ruhigen Platz nieder, werde ganz still, schließe meine Augen und höre in mich hinein. So nehme ich bewusst wahr, was in meinem Kopf vor sich geht – es sind Pläne und Wünsche, Ängste und Sehnsüchte. Ich lasse die Gedanken einfach kommen und auf mich einwirken, ich betrachte sie und teile ihnen mit, dass sie nicht „unerhört" sind, sondern von mir beachtet werden.

Eine Fastenerfahrung

In mich hineinhören

„Eigentlich bin ich schon seit Tagen innerlich ruhig und zufrieden. Ich habe das Bedürfnis, nicht viel zu reden, sondern nur zu hören – was um mich herum und in mir selbst geschieht. So warte ich, was sich ergibt, und lasse mich beschenken."

Der 13. Fastentag

Montag in der dritten Fastenwoche

Streit und Versöhnung

Streit und Ärgernisse sind die Dornen im alltäglichen Leben. Der Mensch sehnt sich nach Eintracht, aber ständige Konflikte stören seinen Frieden.

Streit entsteht, wenn Menschen ihre Grenzen nicht beachten – zum Garten des Nachbarn, zu den Gefühlen des Bruders, zu den eigenen Tugenden oder Lastern. Dann brechen äußere und innere Beziehungen ab – der Mensch wird oft einsam und mit sich selbst unzufrieden.

Dabei muss ein Konflikt nicht nur negativ sein. Der Mensch kann durch eine Krankheit zu neuer Kraft und neuem Leben geführt werden. Doch er muss sich die Ursachen genau anschauen; denn Streit und Unfrieden beginnen im Inneren des Menschen: Bin ich verletzt worden? Habe ich einen anderen ungerecht behandelt? Wo habe ich – bewusst oder unbedacht – Grenzen zu anderen Menschen nicht beachtet?

Echtes Fasten provoziert die Auseinandersetzung mit sich selbst, auch mit Gott – ein oft schmerzlicher Prozess, weil er Wunden des eigenen Lebens aufreißt.

Dauerstreit macht den Menschen starr. In der Versöhnung findet er seinen Frieden wieder. Das erfordert, dass man verzeiht – sich selber und anderen. Die Versöhnung beendet den Konflikt. Erst dann kehrt der Mensch zum Leben zurück.

Gebet

Ewiger Gott, wende unseren Leib, unsere Seele und unsere Herzen zu dir hin, damit wir das eine Notwendige, das Leben suchen, und dich mit Werken der Liebe verherrlichen, damit uns selber Liebe geschenkt wird. Darum bitten wir durch deinen Sohn, Jesus Christus.

Eine Fastenerfahrung

Versöhnung am Abend

„Wenn ich abends zu Bett gehe, möchte ich keine Probleme mit in den Schlaf hineinnehmen. Deshalb versöhne ich mich in einem Gebet mit Gott und der Welt und mit mir selber. Es macht keinen Sinn, Dingen, die an diesem Tag geschehen sind, nachzutrauern – so war es eben. Morgen kann ich die ungelösten Probleme und Aufgaben neu anpacken.“

Meditation

Ich schaue Wunden an

Ich schaue mir meine eigenen Wunden an, mit denen ich seit vielen Jahren lebe. Erst die aufmerksame Betrachtung dieser seelischen Verwundungen gibt mir die Möglichkeit, sie zu heilen.
Welche Wunden habe ich? Wo bin ich im Leben verletzt worden? Welche Wunden sind offen, welche vernarbt?
Und ich wende den Blick auf die Wunden eines Menschen, der mir nahe steht. Kenne ich seine Verletzungen? Habe ich im Umgang mit ihm darauf Rücksicht genommen? Kann ich ihm helfen, seine Wunden zu heilen?

Der 14. Fastentag

Beziehungen haben heißt: das Leben miteinander teilen

Jeder Mensch lebt in Beziehungen – zu sich selber, zu anderen, zu Tieren und Gegenständen, zur Natur, zur Schöpfung und zu einer höheren Instanz, die wir Gott nennen. Wer sich von seinen Beziehungen abtrennt, gerät in die Isolation und verliert das Leben. In der Isolation löst sich jeder Lebensrhythmus auf, weil man auf niemanden mehr Rücksicht nehmen will und kann.

Natürlich gibt es im alltäglichen Umgang mit Menschen kein konfliktfreies Leben, deshalb ist es gut, sich in seinen Beziehungen zu schulen. Jeder muss für sich ein Maß finden, das ihm die eigene Entwicklung ermöglicht, ohne den Raum der anderen einzugrenzen oder zu verletzen. Denn Selbstverwirklichung hat dort ihre Grenzen, wo sie die Freiheit anderer missachtet.

Eine goldene Lebensregel, die zwischen den Menschen Frieden schaffen kann, lautet: „Was du nicht willst, das man dir tu, das füg auch keinem andern zu."

Und es gibt noch einen Grundsatz, der das Zusammenleben fördert: Teilen. Beziehungen leben davon, dass man teilt – Freude und Leid, Glück und Schmerz, Brot und Wasser. Wer nicht mehr bereit ist, mit anderen zu teilen, wird zum Egoisten, der in der Einsamkeit erstarrt. Er verliert das Leben. Fasten mit Leib und Seele fördert in uns die Bereitschaft, das Leben miteinander zu teilen.

Gebet

Durch die heiligen Tage, die wir begehen durch unser Fasten, nimm von uns alle Schuld, alles, was uns belastet. Herr, reinige du uns an Leib und Seele, damit wir in rechter Weise das Osterfest und das Leben feiern können, dass wir auferstehen zum neuen Leben.

Körperübung

Schweigend zu Menschen gehen

Heute gehe ich an einen Ort, wo Menschen sind – auf eine Straße, zu einem belebten Platz. Dort versuche ich, die Menschen sehr bewusst – und schweigend! – wahrzunehmen: wie sie bedächtig schreiten oder eilig vorüberrennen, wie sie miteinander reden oder ein Schaufenster betrachten. Die einen sind gebeugt, andere aufgerichtet. Manchen sieht man an, dass sie eine innere Last tragen, andere schauen fröhlich und entspannt drein. Ich nehme die Menschen und ihre Bewegungen bewusst wahr.
Diese Übung dauert etwa eine halbe Stunde.

Eine Fastenerfahrung

Oft zu starrsinnig

„Die heutige Übung hat mich nachdenklich gemacht. Mir ist sehr bewusst geworden, dass ich in meinem Verhalten gegenüber anderen Menschen oft viel zu starrsinnig reagiere. Das belastet sofort die Beziehung."

Der 15. Fastentag

Mittwoch in der dritten Fastenwoche

Trauer und Freude

Freude und Trauer liegen oft eng beisammen – sie haben die gleiche Ursache: innere Bewegung, Berührung des Herzens.

Beim Fasten wird der Mensch zutiefst berührt und bewegt. Der Entzug von Nahrung macht die Seele empfindsam und führt den Menschen in die Tiefen seiner Gefühle, ins Zentrum seines Lebens.

Mit den Erfahrungen, die er dabei macht, kann er den Panzer auflösen, der sein Herz umschließt. Oft erkennt er, dass er sich aus Angst vor Berührungen zurückgezogen hat in eine innere Isolation, die ihn gefangen hält. Er kann in diesem Zustand des Selbstmitleids weder Freude noch Trauer empfinden. Im Fasten erfährt er wieder Gefühle und Berührungen, die ihn zum Leben zurückbringen. Das kann auch unter Schmerzen und Tränen geschehen. Menschen weinen aus Freude oder aus Trauer – und verwandeln ihr Selbstmitleid in echtes Mitgefühl, das den Schmerz, die Angst und die Hoffnungslosigkeit genauso zulässt wie Lust und Freude, Zuversicht und Glauben.

Echte Freude und echte Trauer, wirkliches Berührtsein im Lachen oder Weinen sind immer ein großes Geschenk Gottes.

Gebet

Gott, du hast uns geboten, auf deinen geliebten Sohn zu hören. Schenke uns nicht nur irdische Nahrung, sondern nähre uns mit deinem Wort und reinige die Augen unseres Geistes, damit wir fähig werden, deine Herrlichkeit zu erkennen, die du uns allen bereitet hast.

Meditation

Geistliche Lesung

In den Tagen der Fastenzeit aber sollen die Mönche vom Morgen bis zum Ende der dritten Stunde für ihre Lesung frei sein.
Dann verrichten sie bis zum Ende der zehnten Stunde, was ihnen aufgetragen wird.

In diesen Tagen der Fastenzeit erhält jeder (Mönch) einen Band der Bibel, den er von Anfang bis Ende ganz lesen soll. Diese Bände werden zu Beginn der Fastenzeit ausgegeben.
Aus der Regel des heiligen Benedikt

Eine Fastenerfahrung

Die nächsten Schritte

„Bei meinem Spaziergang heute hat es ziemlich geschneit. Dabei fiel mir auf, wie wichtig es ist, weit nach vorne zu schauen – und gleichzeitig auf die unmittelbaren nächsten Schritte zu achten. Im Leben schaue ich häufig zu weit voraus, ich beschäftige mich zu sehr mit meiner Zukunft – und komme ins Stolpern, weil ich den nächsten Schritt zu wenig beachte. Das erzeugt Hektik und Stress."

Der 16. Fastentag

Donnerstag in der dritten Fastenwoche

Krisen und Konflikte

In jedem Leben treten Krisen auf. Die meisten Menschen reagieren darauf sehr ähnlich: Sie wollen den Konflikten aus dem Weg gehen.

Aber eine Krise ist nicht nur ein Unglück oder eine Katastrophe, sondern immer auch eine Chance! Das sehen viele Menschen nicht – und sie wissen auch nicht, wie man mit Konflikten umgeht. Aus Krisen kann man lernen, wenn man sie „bearbeitet", wenn man sich mit ihnen auseinander setzt. Ein wichtiger Schritt ist die eigene „Schuld" einzusehen und zur Versöhnung bereit zu sein. Die Bitte um Verzeihung wird in unserer Ellenbogengesellschaft leider oft als Schwäche angesehen – und es gehört Mut dazu, sie auszusprechen. Auch die Einsicht in eigene Fehler ist für die Bewältigung einer Krise unerlässlich, sonst kann der Mensch weder die Ursachen des Konfliktes erkennen noch daraus für sein weiteres Verhalten die richtigen Schlüsse ziehen.

Niemand ist in der Lage, dauerhaft Schwierigkeiten zu vermeiden. Das Leben besteht nicht nur aus Harmonie und Glück. Zur Realität des Lebens gehören auch Unfriede, Streit und Kämpfe – wer das nicht sieht, geht in seinen Illusionen unter. Deshalb ist es wichtig, sich den Konflikten zu stellen, sie als normalen Teil des Lebens zu akzeptieren.

Krisen ereignen sich nicht nur im Körper oder in der Seele, sondern berühren den ganzen Menschen. Deshalb können sie auch nicht nur auf einer Ebene gelöst werden. Bei jedem Konflikt muss der Mensch die Beziehung zwischen dem Leib und der Seele betrachten – nur so wird die Lösung der Krise möglich sein. Das gilt für alle Probleme, die auf

einen Menschen zukommen: für Schwierigkeiten mit sich selbst, mit anderen Menschen, mit der Schöpfung – und mit Gott.

Beim Fasten werden viele Konflikte bewusst. Fastenkrisen sind oft Zeichen, sich diesen Konflikten zu stellen und sie zu bearbeiten.

Gebet

Großer Gott, Ewiger Vater, wende unsere Herzen zu dir hin, damit wir nur das eine Notwendige suchen, das uns das Leben gibt und dich in Werken der Liebe preisen. Lass uns durch dieses Fasten aufmerksamer und hellhöriger werden für das Leben, für dich und für die Menschen, die du uns anvertraut hast.

Eine Fastenerfahrung

Heilung nach der Krise

„Die letzten Tage haben mir körperlich ziemlich zu schaffen gemacht: Ich war schlapp, hatte gestern starke Kopfschmerzen, ich schlief unruhig – und mir war einige Male richtig schlecht. Fast jeden Tag ist etwas anderes aufgetaucht, das mich geschlaucht hat. Und je schlechter es mir ging, desto tiefer konnte ich in meinem Inneren ‚wühlen' – es kam vieles hoch. Ich habe mich getröstet, dass dieser Zustand wohl sein muss, damit die Heilung von Leib und Seele vorankommt – dafür bin ich dankbar."

Meditation

Die wahre Frömmigkeit

Wenn du der Unterdrückung bei dir ein Ende machst, auf keinen mit dem Finger zeigst und niemanden verleugnest, dem Hungrigen dein Brot reichst und den Darbenden satt machst, dann geht im Dunkel dein Licht auf und deine Finsternis wird hell wie der Mittag.
Der Herr wird dich immer führen, auch im dürren Land macht er dich satt und stärkt deine Glieder. Du gleichst einem bewässerten Garten, einer Quelle, deren Wasser niemals versiegt.
Deine Leute bauen die uralten Trümmerstätten wieder auf, die Grundmauern aus der Zeit vergangener Generationen stellst du wieder her. Man nennt dich den Maurer, der die Risse ausbessert, den, der die Ruinen wieder bewohnbar macht.
Buch Jesaja, Kapitel 58, 9–12

Der 17. Fastentag

Freitag in der dritten Fastenwoche

Verzeihen lernen

„Was kränkt, macht krank", sagt der Volksmund. Aber wirklich krank wird ein Mensch auch, wenn er nicht mehr verzeihen kann. Dann frisst er alle Kränkungen und Verletzungen in sich hinein – und zerstört das Gleichgewicht von Körper und Seele. Heilung wird erst dann möglich, wenn man diese Verwundung sich selber oder dem anderen, der dich verletzt hat, verzeihen kann.

Die meisten Menschen haben verlernt zu verzeihen. Eher sinnen sie auf Rache und Vergeltung und tragen dem anderen die Schuld ewig nach. Doch damit tun sie auch sich selber nichts Gutes.

Verzeihen kommt aus der Grundhaltung von Selbstbewusstsein und Demut. Es bedeutet nicht Beschönigen, Vergessen oder – um des lieben Friedens willen – Ruhe geben. Wer wirklich verzeihen will, muss die eigene und die fremde Schwäche und die Fehler mit Ehrfurcht betrachten, sonst gibt es keine neue Lebensperspektive.

Jeder Mensch macht Fehler – die Handlungen und die Verwundungen, die aus dieser Unvollkommenheit entstehen, können nur durch gegenseitiges Verzeihen geheilt werden. Diese Haltung erfordert große innere Kraft, aber sie bereichert dein Leben. Es ist wichtig, dass du dem, der dich verletzt hat, die Schuld nicht mehr nachträgst, sondern sie ansprichst, anschaust und verzeihst. Dadurch wird die Kränkung überwunden und aufgelöst.

Jesus sagt: „Mit dem Maß, mit dem Ihr vergebt, wird auch euch vergeben werden."

Gebet

Barmherziger Gott, erneuere uns an Leib und Seele durch die Feier des heiligen Fastens, damit wir bereit werden für dein Wort und für deine Gnade. Lass uns aufmerksam auf dich hören, lass uns die überflüssigen und belastenden Dinge loslassen, lass uns einmütig sein in unserem Denken und Beten und hilf uns zu Gedanken und Werken der Liebe. Darum bitten wir durch Christus, unseren Herrn.

Meditation

Richtig fasten

Warum fasten wir, und du siehst es nicht? Warum tun wir Buße, und du merkst es nicht?
Seht, an euren Fastentagen macht ihr Geschäfte und treibt alle eure Arbeiter zur Arbeit an. Obwohl ihr fastet, gibt es Streit und Zank, und ihr schlagt zu mit roher Gewalt. So wie ihr jetzt fastet, verschafft ihr eurer Stimme droben kein Gehör.
Ist das ein Fasten, wie ich es liebe, ein Tag, an dem man sich der Buße unterzieht: wenn man den Kopf hängen lässt, so wie eine Binse sich neigt, wenn man sich nicht mit Sack und Asche bedeckt? Nennst du das ein Fasten und einen Tag, der dem Herrn gefällt?
Nein, das ist ein Fasten, wie ich es liebe: die Fesseln des Unrechts zu lösen, die Stricke des Jochs zu entfernen, die Versklavten freizulassen, jedes Joch zu zerbrechen, an die Hungrigen dein Brot auszuteilen, die obdachlosen Armen ins Haus aufzunehmen, wenn du einen Nackten siehst, ihn zu bekleiden und dich deinen Verwandten nicht zu entziehen.

Buch Jesaia, Kapitel 58, 3 - 7

Eine Fastenerfahrung

Sich selbst anschauen

„Mich bewegt das Auf und Ab der Ereignisse und meiner Gefühle. Mir ist klar, dass ich nicht ‚umkehren' kann, wenn ich nicht bei mir bin und in mir ruhe. Erst dann werde ich den Sinn und das Ziel meines Lebens finden. Sich selbst in Liebe anschauen zu können, ist ein Geschenk und eine Gnade."

Der 18. Fastentag

Samstag in der dritten Fastenwoche

Die Selbstheilungskräfte entfalten

Die meisten Menschen verlassen sich heute viel zu sehr nur auf ihren Arzt, wenn sie krank sind. Sie vertrauen ihm und den verabreichten Medikamenten völlig. Mehr noch: Sie liefern sich ihnen aus – und tun selber fast nichts dazu, um wieder gesund zu werden. Dabei vergessen sie, dass das wirksamste Heilmittel im Menschen selber liegt: seine Selbstheilungskräfte, deren tiefste Grundlage die Spiritualität des Menschen ist. Sie scheidet Krankheiten nicht in körperliche oder psychische Leiden, sondern sieht den Menschen immer als Leib/Seele-Einheit und versucht folgerichtig, die Krankheitsursache ebenfalls als Ganzheit wahrzunehmen und den Heilungsprozess auf allen Ebenen einzuleiten.

Dazu gehört vor allem ein richtiger Lebensrhythmus: die ausgewogene Ernährung, der Wechsel von Schlafen und Wachsein, von Ruhe und Bewegung, von Spannung und Entspannung, von Arbeit und Pause – auch die Beziehungen zu anderen Menschen und zur Schöpfung.

Fasten fördert die Selbstheilungskräfte auf besondere Weise, weil es ein neues Körperbewusstsein und Vertrauen zum eigenen Leib erzeugt. Man spürt, dass sich der Leib – und mit ihm auch die Seele – aus eigener Kraft reinigen und regenerieren kann wie das Meer, die Erde, der Kosmos. Die Selbstheilungskräfte werden nicht durch ein „noch mehr", sondern durch ein „weniger" angeregt; denn weniger Essen schafft Freiraum im Leib und für die Seele.

Gebet

Herr, unser Gott, ich lege mein Leben in deine Hände und bringe dieses Leben wie eine Gabe. Nimm mich, alles, was mich berührt und bewegt, an und lass dieses Leben ein Zeichen der Hingabe sein, das sich mit dem Leben deines Sohnes, Jesus Christus, verbindet.

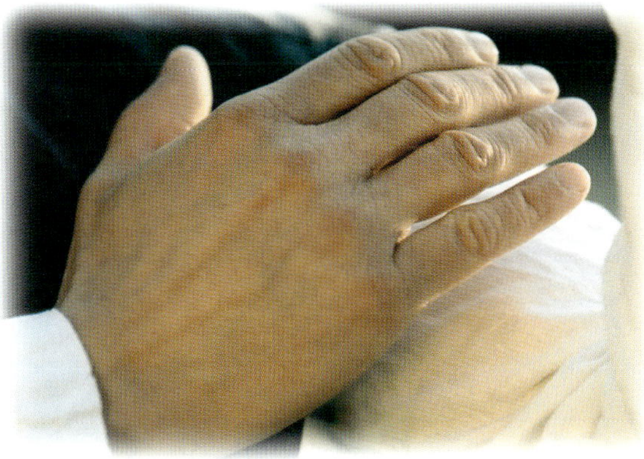

Körperübung

Sich selber wach klopfen

Diese Übung kann ich morgens gleich nach dem Aufstehen machen, aber auch während des Tages, wenn ich mich müde fühle.
Ich stehe auf dem Boden und beginne, mich von unten bis oben „wach zu klopfen“: mit den Handflächen klatsche ich leicht auf den Körper – erst die Füße, dann allmählich über die Beine hinauf zum Gesäß und zum Bauch, dann weiter über die Schultern und Arme zum Gesicht und zum Kopf.
Danach ruhe ich aus und spüre, wie gut dem Körper dieses Wachklopfen tut.

Eine Fastenerfahrung

An den Schweinetrögen

„Ich habe mich in meinem Leben eigentlich nie ernsthaft mit meinen Lastern beschäftigt. Heute habe ich es getan. Ich bin also an einige meiner ‚Schweinetröge‘ gegangen – und wurde mir bewusst, dass ich das Futter, das drinnen liegt, nicht mehr anrühren will. Ich möchte es verderben lassen – hoffentlich gelingt es mir.“

Inspiration für die dritte Fastenwoche

Beziehungen im Rhythmus von Nähe und Distanz

Kein Mensch kann ohne Beziehungen leben – zu sich selber, zu anderen, zu Gegenständen, zu Tieren oder Pflanzen, zur Schöpfung und zu Gott. Diese Beziehungen geschehen, meistens sogar unbewusst, im ständigen Wechsel zwischen dem Ego und dem anderen. Es ist ein stetiger Rhythmus von Einsamkeit und Gemeinschaft. Jeder Mensch braucht Zeiten, in denen er nur bei sich ist – und andere Zeiten, die er in der Gemeinschaft verbringt. Der richtige Rhythmus tut der Seele gut.

Ein Beispiel dafür, wie heilsam der ausgewogene Rhythmus zwischen Individualität und Solidarität ist, geben uns die Körperorgane. Das Herz, der Magen, die Leber, der Darm, die Lunge – sie alle müssen für sich arbeiten und ihre Funktion erfüllen, sonst wird der Mensch krank. Aber gleichermaßen wichtig ist ihr Zusammenwirken mit allen anderen Organen. Wenn dieses Miteinander nicht funktioniert, nützt das gesündeste Einzelorgan wenig.

In Europa erleben wir derzeit ein ähnliches Beispiel. Wie schwierig gestaltet sich der Prozess des Zusammenwachsens der Länder, weil die Eigeninteressen der einzelnen Völker offenbar stärker sind als die Chancen, die ein gemeinsamer Weg eröffnet.

Mit unserer Seele ist es ähnlich. Wenn einzelne Emotionen und Empfindungen rücksichtslos den Menschen in Besitz nehmen, geht die innere Harmonie verloren. Zorn und Liebesfähigkeit müssen in der Welt der Gefühle miteinander kooperieren, sonst wird der Mensch gespalten. In seiner Beziehung zu sich selbst ist deshalb die Frage wichtig: Wo bin ich zu sehr Individualist, der vielleicht sogar dem Egoismus verfallen ist – und wo bin ich zu wenig Individuum und habe in falsch verstandener Selbstlosigkeit meine Persönlichkeit aufgegeben? Ausgewogenheit und das rechte Maß sind auch hier wichtig.

Viele Menschen leiden unter ihrer Unfähigkeit, sich auf echte, dauerhafte und fordernde Beziehungen einzulassen. Aus Angst vor Verletzungen bunkern sie sich ein. Sie haben das Gefühl für Nähe und Distanz verloren, das alle Beziehungen prägt und trägt. Unsere Gesellschaft lebt einseitig nach der „Alles-oder-nichts-Mentalität“, in der Zwischentöne unhörbar sind. Das gilt auch für Bezie-

hungen zwischen Menschen: Entweder will man den geliebten Partner ganz und klammert sich an ihn oder man bricht abrupt die Beziehung ab – die Schlagertexte lassen grüßen.
Lebendige Nähe und Distanz sind für alle Beziehungen entscheidend, der Mensch braucht beides. Um den rechten Rhythmus zwischen Einsamkeit und Gemeinschaft zu finden, muss man sich und den anderen bewusst wahrnehmen – im Riechen und Schmecken, im Hören, Tasten und Sehen. Diese Achtsamkeit ist die Grundlage für Beziehungen. Dabei werden Stärken und Schwächen entdeckt, Schönes und Unangenehmes.
Aus Angst vor Verletzungen gehen viele Menschen erst gar nicht auf den anderen zu, sondern igeln sich ein in ihre Einsamkeit. Aber Verletzungen gehören zum Leben. Deshalb ist es wichtig, verzeihen zu erlernen. Die Fähigkeit zu verzeihen, verwandelt die erlittene Verletzung in eine große innere Kraft, die das Leben bereichert.
Der Mensch braucht Beziehungen zu Menschen, aber auch zu Gott. Oft entwickelt sich eine Gottesbeziehung, wenn der Mensch im Gebet die Berührung sucht, häufig entsteht sie aus der Gemeinschaft mit einem anderen Menschen – und nicht selten in der Erfahrung mit der Natur. Auch im ruhigen Betrachten eines Baumes, einer Blume, des Sternenhimmels kann sich Gott offenbaren.
Das Fasten kann helfen, wieder neu ein Gefühl für Nähe und Distanz in den Beziehungen zu den Menschen, zur Natur, zum Kosmos, zu Gott und auch zu mir selbst zu bekommen.
Durch weniger und bewusstes Essen gewinne ich zu mir selber Distanz und gleichzeitig Nähe.
„Es geht mich alles an", sagt man in Österreich, wenn einen etwas betrifft und sehr berührt. Beim Fasten gilt dieser Satz in besonderer Weise, weil man von vielen – auch unangenehmen – Erfahrungen berührt wird. Tatsächlich steht jeder Einzelne mit allen anderen Menschen, mit Dingen, Ereignissen und den Erfahrungen des Lebens in Beziehung – es geht ihn wirklich alles etwas an.
In Beziehung stehen heißt aber auch, Nähe und Distanz gleichzeitig erleben zu können. Um eine Sache, einen Menschen und auch Gott wirklich erfahren zu können, braucht man sowohl Nähe als auch Distanz.
Fasten mit Leib und Seele lehrt beides.

Der 19. Fastentag

Dritter Fastensonntag

Zur Ruhe kommen

Das richtige Maß zwischen Ruhe und Bewegung bestimmt den Lebensrhythmus des Menschen. Viele verwechseln Ruhe mit Trägheit, Müdigkeit, Apathie oder Stillstand. Das ist falsch. Ruhe ist ein Zustand, bei dem das Herz, der Leib und die Gedanken still sind.

Die meisten Menschen kommen nicht zur Ruhe, weil es schwer ist, Abschied zu nehmen von seinen Gedanken und Gefühlen, von Hass und Neid, von Abneigung und überschäumender Freude. Doch ohne dieses Loslassen kann der Mensch nicht in sein Inneres, in seine Mitte finden, um Gott zu begegnen. Der heilige Augustinus hat es auf wunderbare Weise ausgedrückt: „Unruhig ist unser Herz, bis es ruht in dir."

Der Weg zur Ruhe ist meist begleitet von heftigen inneren Bewegungen und Emotionen. Denn die eigenen Ängste, Hoffnungen und Wünsche stellen sich als Hindernisse in den Weg. Erst wenn sie weggeräumt sind, kommt der Mensch zur Ruhe. Dann ist er innerlich leer, er ist frei – und bereit, von Gott erfüllt zu werden.

Jetzt ruht der Mensch in sich.

Fasten mit Leib und Seele ist ein Weg zur inneren Ruhe, auch wenn es auf diesem Weg zuerst einmal Stürme im Inneren und Äußeren gibt.

Gebet

Herr, unser Gott, die Gaben die wir tagtäglich von dir empfangen, reinigen uns von all dem, was uns belastet. Richte du uns wieder auf und schenke uns Gemeinschaft mit dir und den Menschen, damit wir heilen und Heilung finden für Leib und Seele.

Körperübung

Den Leib wahrnehmen

Ich stehe ruhig da, die Arme hängen seitlich am Körper herab, die Augen sind geschlossen.
Jetzt versuche ich sehr bewusst, nacheinander meine linke und rechte Körperhälfte wahrzunehmen – ob die eine schwerer als die andere ist, größer oder kleiner, heller oder dunkler, wärmer oder kälter. Ich gehe im Geist durch jede Körperhälfte durch – von den Füßen bis hinauf zu den Gesichtshälften und zum Kopf. Und ich vergleiche meine Wahrnehmungen, ob sich die beiden Körperhälften auf irgendeine Weise unterscheiden.
Am Ende dieser Übung nehme ich meinen gesamten Körper wahr und spüre nach, welche Empfindungen meine unterschiedlichen Beobachtungen bei mir ausgelöst haben.
Diese Übung ist auch eine gute Vorbereitung für die morgige Körperübung.

Eine Fastenerfahrung

Strand des Lebens

„Ich habe heute eine 20-minütige Meditation gemacht – mit dem Bild der Ostsee. Das Meer reinigt sich selbst, es spült alles an den Strand. Ich setze mich an den Strand meines Lebens und betrachte all das, was da angeschwemmt wird. Dabei achte ich auf meinen Atem, der kommt und geht wie die Wellen des Meeres – und den Unrat meines Lebens heranspült.“

Der 20. Fastentag *Montag in der vierten Fastenwoche*

Das Leben entschleunigen

Ob in der Arbeit, beim Sport oder im ganz normalen Alltag: In den modernen Gesellschaften sind die Menschen meist viel zu schnell unterwegs. Diese Beschleunigung in allen Lebensbereichen hat ein Ausmaß angenommen, das dem Menschen nicht gut tut. Volle Terminkalender, Fast-food, das schnelle Auto, die Jagd von einem Event zum anderen, das zu hohe Tempo im Beruf – der Mensch kommt nicht zur Ruhe. Stress wird zum Auslöser vieler Krankheiten, die ihn zermürben. Dagegen gibt es nur ein Rezept: das Leben entschleunigen! Denn die Seele reist langsam, und auch der Körper braucht Zeit, sich zu entwickeln und zu regenerieren.

Wenn der Mensch wieder zu einem ausgeglichenen Lebensrhythmus findet, kann er zu großer innerer Ruhe gelangen. Dazu gehören Demut und Ehrfurcht vor den großen Zusammenhängen in der Schöpfung. Menschen, Tiere, Pflanzen – die Natur, das gesamte Universum sind auf geheimnisvolle Weise miteinander verbunden und verwoben. Wer diese Beziehungen missachtet und aus dem Schöpfungsrhythmus heraustritt, um egoistisch nur seinen eigenen Rhythmus zu verwirklichen, isoliert sich vom wahren Leben.

Fasten ist ein Weg, um das eigene Leben zu entschleunigen. Nach den ersten turbulenten Tagen wird der Mensch ruhiger, bewegt sich langsamer und hat Zeit für sich und seine Gedanken. Es tut dem Körper und der Seele gut, diese Erfahrung mit ins normale Leben hineinzunehmen.

Gebet

Gütiger Gott, mach uns hellhörig in dieser Zeit, durch das Fasten, sensibel und aufmerksam, damit wir dem Ruf des Lebens und deiner Gnade folgen. Lass uns mit heiligem Eifer auf das Fest der Auferstehung und des Lebens zugehen und mehr und mehr das wache Glück finden, das du uns versprochen hast.

Körperübung

Stehen und sich spüren

Ich stehe entspannt auf meinen beiden Füßen, die Arme hängen locker herab.
Ganz bewusst spüre ich meinen Körper – meine Füße, die Beine, mein Becken, den Bauch, das Herz, die Brust, die Schultern und den Kopf. Dann winkle ich die beiden Unterarme leicht an und wende dabei die Handflächen nach oben, als ob ich etwas trage – etwa bis in Brusthöhe. Jetzt drehe ich meine Handflächen nach innen und bewege sie langsam aufeinander zu, bis sie sich wie im Gebet berühren. Ich spüre die Wärme, die von den beiden Handflächen ausgeht und atme tief und bewusst. Dann löse ich die Hände behutsam wieder voneinander und lasse sie langsam seitlich am Körper herabsinken.
Diese Übung wiederhole ich drei- bis fünfmal.

Eine Fastenerfahrung

So ein Krampf!?

„Ich sage häufig im Gespräch, wenn mir etwas nicht in meinen Kram passt: ‚So ein Krampf.' Hinterher stelle ich meistens fest, dass ich in diesen Fällen gerne dem anderen die Schuld geben will – dabei liegt sie bei mir. Ich bin derjenige, der mit dem Problem nicht entspannt und unverkrampft umgehen kann, nicht der andere."

Ohne Bewegung keine Veränderung

Bewegung ist die Schwester der Ruhe. Beide gehören zusammen. Der richtige Rhythmus gibt dem Menschen seine äußere und innere Ausgeglichenheit.

Viele verstehen unter Bewegung nur Hektik und Aktionismus, aber Bewegung ist vor allem ein innerer Prozess. Und sie ist die Voraussetzung für Veränderungen. Wer sich nicht bewegt, wer nie seinen Standort aufgibt und seine Meinung, seine Lebensweise nicht mehr hinterfragt, der läuft Gefahr, dass er verhärtet. Nur wer sich bewegt, lässt sich auf Begegnungen und Berührungen ein. Deshalb sind Bewegungen Zeichen des Lebens. Und weil eine Bewegung immer stattfindet zwischen zwei Ruhepunkten, ist auch der gemeinsame Rhythmus wichtig. In diesem Wechsel kann der Mensch zu sich selber finden.

Es tut dem Körper und der Seele gut, wenn der Mensch seine inneren und äußeren Bewegungen harmonisch aufeinander abstimmt – dann kann Gehen, Wandern oder Tanzen zu einer spirituellen Erfahrung werden. Und umgekehrt wirkt sich eine geistige Bewegung, eine Berührung des Herzens auch auf den Körper wohltuend aus.

Bewegung und Ruhe sind ein Paar – eines allein führt in die Isolation. Dann wird Bewegung oft zum ruhelosen Getriebensein, und Ruhe entwickelt sich zum Stillstand. In der Meditation oder im Gebet erfährt der Mensch beides: stärkste innere Bewegung bei tiefer Ruhe – ein Vorgeschmack auf das Paradies.

Und Fasten gibt Ruhe und Bewegung zugleich.

Gebet

Herr, und unser Gott, behüte uns alle und verlass uns nicht. Ohne deine Nähe, ohne deine Hilfe und ohne deine Kraft gehen wir zugrunde. Hilf uns in diesen Tagen alles zu meiden, was uns schadet, und zu suchen, was uns zum Heil dient. Lass uns frei werden von falschen Bindungen und Abhängigkeiten und empfänglich werden für die Gaben des Himmels. Darum bitten wir durch Jesus Christus, deinen Sohn.

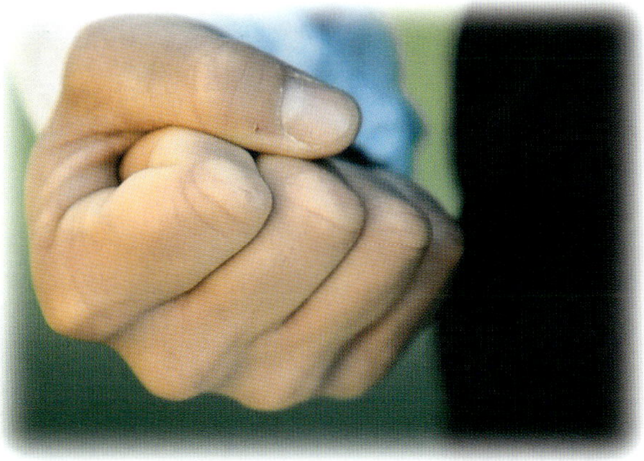

Körperübung

Erstarren bringt den Tod

Ich stelle mich auf meine Füße, die Arme hängen seitlich am Körper herab, Augen und Mund sind locker geschlossen.
In dieser unverkrampften Haltung nehme ich mich bewusst wahr – von den Füßen aufwärts über Knöchel, Knie, Hüfte und Oberkörper bis zum Kopf.
Dann gebe ich mir den Befehl, völlig still zu stehen, die Fäuste zu ballen und am ganzen Körper zu erstarren.
Jetzt spüre ich, dass die Erstarrung mich aus der Balance bringt – bis zum Umfallen.
Ich löse die Verkrampfung wieder und atme ruhig und entspannt.
Die Übung zeigt mir, dass im Leben jede Erstarrung oder Verkrampfung zum Scheitern, zum Chaos, zum Tod führt.

Eine Fastenerfahrung

Grenzen erfahren

„Heute habe ich lange über Grenzen nachgedacht. Ich glaube, dass man durch Fasten nicht nur den Körper ‚ausräumt', sondern in sich auch Freiräume für die Seele schafft. Dadurch werden die eigenen Grenzen sichtbar, die man im Alltag leicht überrennt und missachtet – bei sich selber und gegenüber anderen Menschen."

Der Rhythmus des Lebens

Das Leben eines Menschen wird von vielen Rhythmen geprägt: von Bewegung und Ruhe, von Schlafen und Wachsein, von Spannung und Entspannung, von Arbeit und Pause, vom Rhythmus des Atems und des Herzens, vom Essrhythmus.

Auch der Rhythmus der Natur ist wichtig für den Körper und die Seele. Viele Menschen leben heute nicht mehr mit den Jahreszeiten. Unabhängig von der heimischen Erntezeit essen sie Obst und Gemüse, die aus fernen Länder herbeitransportiert werden. Sie nehmen den Rhythmus der Natur und ihre eigenen Rhythmen nicht mehr wahr. Doch wer die Jahreszeiten bewusst erlebt, spürt auch sein eigenes Leben: Wachstum, Reifung, Altern und Sterben sind Prozesse, die gleichermaßen in der Natur und beim Menschen geschehen. Wenn sich der Mensch mit diesem Rhythmus der Natur in Einklang bringen kann, wird er sein eigenes Leben besser verstehen. Das Erleben der Jahreszeiten tut dem Leib und der Seele gut – und macht uns bewusst, dass jeder einzelne Mensch Teil eines großen Lebensprinzips, einer göttlichen Ordnung ist.

Wer aufmerksam einen Baum über die Jahreszeiten hinweg beobachtet, sein Aufblühen, die Entfaltung, die Ernte und die Ruhe, der spürt sein eigenes Leben. Denn der Baum ist wie der Mensch.

Um aus falschen Rhythmen herauszukommen, ist es gut, für kürzere oder längere Zeit einen ganz neuen Rhythmus zu leben. Das Fasten ist ein bewusster Rhythmuswechsel für Leib und Seele.

Gebet

Gott, der du gütig bist, mach uns immer mehr und mehr bereit, das Gute zu tun und alles Zerstörerische zu lassen. Ermutige uns in diesem Leben durch deinen Schutz und führe uns zu den ewigen Gütern. Löse uns von allem, was uns fesselt und unfrei macht, damit sich unser Leben verwandelt. Darum bitten wir durch Jesus, deinen Sohn.

Eine Fastenerfahrung

Auf dem Weg zur eigenen Mitte

„Ich spüre, wie heilsam das Fasten für mich ist. Meine Erwartungen erfüllen sich von Tag zu Tag mehr – die Saat geht allmählich auf. Ich fühle, dass ich auf dem richtigen Weg bin – zu mir, zu meiner Mitte. Ich bin sehr berührt, ergriffen, überwältigt. Und ich bin dafür dankbar."

Körperübung

Sich im Spiegel anschauen

Nach dem Aufstehen stelle ich mich vor den Spiegel und schaue mich an – nicht zum Schminken oder Rasieren, sondern als sehr bewusste Betrachtung des eigenen Gesichts. Ich lächle mich an, blicke mal freundlich, mal ernst und grantig – vielleicht schneide ich sogar Grimassen. Dazu versuche ich, alle möglichen Töne – vom Brummen wie ein Löwe bis zu lautem Lachen oder Summen – aus mir herauszulocken.

Zwischendurch bin ich wieder ruhig und schaue mich entspannt im Spiegel an.

Diese Übung mache ich ungefähr fünf Minuten lang.

Der 23. Fastentag

Donnerstag in der vierten Fastenwoche

Abwenden – hinwenden

Wenn man eine Seite übertreibt, kommt die andere Seite zwangsläufig zu kurz: Wer nur noch hilfsbereit ist und sich anderen zuwendet, verliert sich oft selber – genauso wie jemand, der nur noch sich selbst im Blick hat. Deshalb ist das rechte Maß, diese goldene Regel der Benediktinermönche, so wichtig.

„Ich werde nur ich selber in der Beziehung und in der Begegnung mit einem Du", hat der Religionsphilosoph Martin Buber einmal geschrieben. Das ganze Leben besteht in der ständigen Zuwendung und Abwendung zwischen den Menschen – und jedes Mal bedeutet es eine Umkehr, eine Wandlung.

Sogar vom Guten kann sich der Mensch abwenden – nicht aus Resignation oder Groll, sondern aus der Überzeugung, dass das Gute von sich aus weiterwirkt. Es zeugt von innerer Größe, wenn jemand nach einer mitfühlenden Hinwendung den anderen Menschen – zum Beispiel auch das selbstständig gewordene Kind – wieder alleine gehen lässt und darauf vertraut, dass es seinen eigenen Weg finden wird.

Das richtige Maß zu finden zwischen Hinwenden und Abwenden, den Zeitpunkt des Loslassens – das ist ein Königsweg im Leben. Er erfordert täglich neue Entscheidungen, die dann zu einem guten Ergebnis führen, wenn sie dich in deine innerste Mitte führen, in den Raum, wo Gott bei dir wohnt. Beim Fasten lasse ich das gute Essen, um mir Freiraum für neue Erfahrungen zu geben.

Gebet

Heiliger Gott, du lebst die Unschuld und schenkst sie dem Schuldigen zurück, der zu dir umkehrt. Wende unser Herz in dieser Zeit zu dir und zum Leben hin und schenke uns immer neuen Eifer im heiligen Geist, damit wir im Glauben, in der Hoffnung und in der Liebe wachsen und bereit sind, das Gute zu tun. Darum bitten wir dich durch Jesus Christus, deinen Sohn.

Eine Fastenerfahrung

Hilfe in der Verwirrung

„Ich bin seit Tagen sehr mit mir beschäftigt, weil ich spüre, dass ich mich selber beachten muss, wenn ich die Menschen um mich herum erkennen will. Dabei versuche ich, das rechte Maß zu finden. Das fällt mir nicht leicht. Oft merke ich meine Verwirrung, die nicht zulässt, dass ich klare Gedanken fasse. Aber ich spüre auch, dass mir das Fasten hilft, von Dingen, Menschen und Ereignissen loszulassen."

Übung

Drei konkrete Entscheidungen fällen

Heute sollst du daruber nachdenken, wen oder was du loslässt. Welchen Personen oder welchen Ereignissen, welchen Gegenständen oder welchen Gefühlen wende ich mich heute zu – und von welchen wende ich mich bewusst ab? Doch Achtung: Gerade bei Zuwendung hat man oft den Hintergedanken im Kopf, etwas zurückzubekommen.
Stell dir heute auch die Frage, warum dir vielleicht eine bestimmte Umkehr Angst macht.
Und ganz konkret: Entscheide dich heute in drei Situationen und bleibe deinem Entschluss treu. Schaue dabei bewusst auf Menschen, die in Not sind.

Sehnsucht nach Geborgenheit

Eine der vier Urwunden des Menschen ist die „Mutterwunde". Die Trennung von der mütterlichen Geborgenheit bei der Geburt empfindet das Kind als ersten großen Schmerz. Aber Leben ist ohne diese Erfahrung nicht möglich.

Viele Menschen spüren diese Mutterwunde ein Leben lang als Einsamkeit, Ungeborgensein, Verlassenheit, Gefühlskälte. Sie leben in ständiger Trennungsangst. Solche Menschen sind ewig auf der Suche nach Geborgenheit, die sie vor der Geburt in der Symbiose mit der Mutter unbewusst erlebt hatten. In der realen Welt scheuen sie Auseinandersetzungen, suchen bei Beziehungen in jeder Frau die Mutter – und wollen fast krampfhaft den glücklichen Urzustand im Mutterleib wiederfinden.

Die Mutterwunde kann bei einem Menschen heilen, wenn er bewusst zu sich selber und zu anderen Beziehungen aufbaut, die ihm das Gefühl von Geborgenheit, Vertrauen und Liebe geben. Wenn er spürt, dass er – mit all seinen Schwächen und Fehlern – angenommen wird, kann er die Schmerzen seiner Mutterwunde überwinden. In der höchsten Form geschieht das in der Beziehung zu Gott, in der sich die Sehnsucht des Menschen nach Leben und Sinn erfüllt.

Beim Fasten spürt man die Mutterwunde oft sehr deutlich – und die tiefen Sehnsüchte, die aus ihr erwachsen. Aber das Fasten hilft auch, die Wunde zu heilen, weil man trotz aller Ungeborgenheit und Todesangst die Erfahrung von Geborgenheit und Leben macht.

Gebet

Gütiger Gott, lass deine Gnade und dein Wirken in uns mächtig werden, je mehr wir uns dir anvertrauen. Bewege du unsere Herzen, damit wir imstande sind, unsere eigene Gier und unsere Sehnsüchte zu meistern, zu verwandeln, um den Anregungen deines Geistes zu folgen. Komm du uns so zu Hilfe mit deiner Kraft und schütze uns an Leib und Seele, damit wir den Weg der Vollendung gehen. Darum bitten wir durch Christus, unseren Herrn.

Eine Fasten-erfahrung

Sucht und Sehnsucht

„Hinter jeder Sucht steht die Suche nach Liebe, Anerkennung und Selbstwert. Beim Anschauen meiner Laster habe ich festgestellt, dass Sehnsucht und Sucht sehr nahe beieinander liegen.
Ich habe jetzt viel mehr Verständnis für Süchtige.“

Körperübung

Musik hören

Ich lege zuhause ein Musikstück auf, das ich immer gerne höre. Es sollte nicht zu laut und nicht zu rhythmisch sein. Dann setze oder lege ich mich hin – an einen Platz, an dem ich mich wohlfühle.
Ich werde ganz still, schließe die Augen und nehme die Musik in mich auf. Ich höre sehr bewusst auf die Stimmen und Bewegungen, die die Musik in meinem Inneren auslöst.

Vergangenheit, Zukunft – Gegenwart

Viele Menschen leben in der Vergangenheit, manche schwelgen in Zukunftsträumen – und vergessen die Gegenwart.

Wir Menschen neigen dazu, lieb gewordene Dinge aufzubewahren: In Schubfächern, auf dem Dachboden und im Keller liegen die Erinnerungen, von denen wir uns nicht trennen wollen. Aber nicht nur an alten Gegenständen halten wir fest – auch Erfahrungen, die wir früher einmal gemacht haben, lassen wir nicht los. In der Seele verhärten Enttäuschungen und Verwundungen, Konflikte und Ängste. Äußeres Zeichen sind dann oft Krankheiten.

Im Fasten erleben wir einen neuen Lebensrhythmus. Er reißt uns heraus aus dem alten Trott – und wird zur Chance, dass wir uns mit der eigenen Vergangenheit, mit unserem Leben versöhnen. Es hat wenig Sinn, Vergangenes zu bewerten und ihm nachzutrauern. Vergangenheitsbewältigung bedeutet, dass du dich mit deinem bisherigen Leben versöhnst, es annimmst, auch in seinen Schwächen und Fehlern – so war es halt! – und dich veränderst.

Fasten befreit dich von aufgestautem körperlichem Müll, aber auch von seelischem Gerümpel.

Achte deine früheren Erfahrungen und dein künftiges Leben, aber bleibe mit deinem Kopf und mit deinem Herzen im Hier und Jetzt. In der Gegenwart erfährst du die Fülle des Lebens – im Atem, in der Stille und im Gebet kannst du sie in jedem Augenblick spüren. Diese Nähe zum Leben, zu Gott, ist ein Geschenk, das dir die Gegenwart gibt.

Gebet

Gütiger Gott, lass uns in geistlicher und innerer Freude diese Tage des Fastens und der Umkehr begehen. Gib, dass wir aus der Sehnsucht nach dem Osterfest leben, damit uns sein ganzer Gnadenreichtum zuteil wird. Lass uns das Heilige, das wir immer wieder von neuem empfangen, mit einem gläubigen und vertrauenden Herzen aufnehmen.

Körperübung

Einen Schritt tun

Ich stehe wieder entspannt in der Ausgangsposition: Augen und Mund locker geschlossen, die Arme hängen seitlich herab. Ich entscheide mich, ganz bewusst einen einzigen Schritt zu tun. Dabei beobachte ich aufmerksam meinen Körper und seine Reaktionen: Erst verlagere ich das Gewicht auf einen Fuß, dann hebe ich beim anderen langsam die Ferse, die Zehen lösen sich vom Boden, ich ziehe den Fuß nach vorne, trete auf dem Boden auf und spüre die Sicherheit des festen Standes. Dann ziehe ich den anderen Fuß bedächtig nach – und stehe wieder in der Ausgangsstellung.
Diese Übung wiederhole ich mehrmals.
Ich erfahre bei dieser Leibübung, wie groß das Wagnis eines Schrittes ist: Ich trete aus der Sicherheit des festen Standes heraus, verlasse damit meine alte Position und nehme eine neue ein – eine Bewegung, die mir im Leben ständig begegnet.

Eine Fastenerfahrung

Bewusst gehen

„Ich habe heute die vielen Schritte beobachtet, die ich tue, ohne dass sie mir bewusst sind – und die mir im Leben Sicherheit oder Unsicherheit geben. Es ist mir klar geworden, dass ich die einzelnen Schritte – die körperlichen und die geistigen – bewusst setzen muss. Ich spüre beim Stehen auch, wie schwer es mir fällt, die Augen zu schließen, weil ich dann schnell verkrampfe. Auch im Leben fehlt mir manchmal das Vertrauen zu mir selbst.“

Inspiration für die vierte Fastenwoche

Die Sehnsucht nach Gott

Am Kreuz rief Jesus in seiner Verzweiflung aus: „Mein Gott, mein Gott, warum hast du mich verlassen?“
Er, der Christus, spürte in diesem Augenblick nicht mehr die Nähe Gottes – ein Zustand von Verlassenheit, den viele Menschen in ihrem Leben kennen. In dieser Erfahrung von Einsamkeit und Gottverlassenheit äußert sich die Sehnsucht nach Nähe und Geborgenheit.
Doch nicht jedes Unbehagen im Leben ist schon ein Zeichen von Gottferne. Oft projiziert man seine unerfüllten Wünsche und seine Enttäuschungen auf Gott, ohne die Ursachen dafür zu erkennen und selber die Verantwortung dafür zu übernehmen.
Das Gefühl von Gottferne ist häufig auch ein Hinweis dafür, dass sich der Mensch „abgesondert“ hat – von Gott, aber auch vom Leben in seinem Alltag. Nicht selten entsteht diese Isolation aus einem Bedürfnis nach Freiheit: Um die eigene Freiheit ausleben zu können, meinen viele, sie müssten sich aus den Beziehungen zu anderen Menschen lösen. Das ist ein Irrweg. Meist sind die Angst vor Konfrontationen mit anderen, mangelnder Selbstwert, Zweifel und Ängste der Grund, wenn jemand sein Beziehungsnetz zerschneidet – und sich absondert. Das gilt auch für die Beziehung zu Gott: Viele Menschen gehen einer Auseinandersetzung mit ihm aus dem Weg – und bleiben auf Distanz.
Gottferne hat nichts zu tun mit Gottlosigkeit. Denn in dem Gefühl der Gottferne ist die Sehnsucht verborgen, ihm nahe zu sein. Gottlos ist nur ein Mensch, der in sich erkaltet und erstarrt ist und keine Beziehungen mehr hat.
Wir Menschen haben eine Mentalität entwickelt, die kaum noch Zwischentöne kennt: Alles oder nichts heißt dann das Lebensprinzip. So verhalten wir uns auch gegenüber Gott. Wenn Mütter ihren verwöhnten Kindern jeden Wunsch sofort und im Übermaß erfüllen, steuern sie auf eine Katastrophe zu – bei sich selber und beim Kind. Denn diese „Alles-Mentalität“ entfremdet vom wirklichen Leben genauso wie die „Nichts-Mentalität“, wenn Menschen bei sich und bei anderen alles verneinen, nur weil sie merken, dass sie unvollkommen sind und ihre Grenzen erkennen.
Deshalb ist im Leben die Erfahrung von Ferne und

Nähe wichtig. Gottesferne ist wahrscheinlich eine Triebfeder für die ewige Suche und Sehnsucht nach dem Zuhause bei Gott und bei anderen Menschen. Wer die eigene Ungeborgenheit und Unvollkommenheit spürt, erfährt durch sie auch die Sehnsucht nach dem Einssein mit Gott – und kommt in Bewegung. Das ist der erste Schritt, um Gott nahe zu sein.

Jesus war in dem Augenblick, als er seine Gottverlassenheit sterbend am Kreuz herausgeschrien hat, Gott ganz besonders nahe. Diese Erfahrung macht jeder Mensch, der sich selbst erkennt in seiner Gottverlassenheit, in seinem Zweifel, im Empfinden der Gottferne, wenn ein ihm naher Mensch gestorben ist, wenn er mit einer Katastrophe konfrontiert wird und nicht mehr an die Nähe Gottes glauben kann.

Niemand kann glaubwürdig von der Nähe Gottes, von seiner Liebe und Güte Zeugnis geben, der nicht auch tiefsten Zweifel, Gottferne und Gottverlassenheit selber gespürt und erfahren hat.

Dasselbe gilt auch für menschliche Beziehungen. Fasten mit Leib und Seele führt zwangsläufig zur Konfrontation mit der Erfahrung von Not, Verlassenheit, Zweifel und Unglauben gegenüber sich selbst, gegenüber anderen Menschen und Gott. Gleichzeitig aber führt uns das Fasten, wenn es nicht nur aus „kosmetischen" Gründen gemacht wird, auch zu einer neuen Sehnsucht nach Gott und nach dem Leben – und zu einer tiefen, neuen Gottes- und Seinserfahrung.

Deshalb ist es wichtig, beim Fasten auch die Phasen des Zweifels, der Einsamkeit und der Sinnlosigkeit durchzustehen. Und es ist gut, einen kompetenten Begleiter bei sich zu haben, der diese Erfahrungen kennt und selbst durch sie hindurchgegangen ist. Denn in solchen Situationen helfen keine billigen Ratschläge oder Vertröstungen, sondern der Glaube, das Vertrauen und das kluge Augenmaß eines geistlichen Begleiters, der zu mir steht und mit mir geht.

Aus diesem Grund ist es klug und sinnvoll, die ersten Fastenerfahrungen in einer Gruppe oder gemeinsam mit einem anderen Menschen zu machen. Denn in jedem Menschen erfährst du Gottes Hilfe und Nähe.

Auch im Leid wird Gottes Wirken sichtbar

Fasten ist eine Lebensumstellung: Der alte Rhythmus wird beendet – ein neuer beginnt. Diese Veränderung und die neuen Erfahrungen, die dabei gemacht werden, leiten äußerlich und innerlich einen Wandel ein. Der Mensch kommt beim Fasten in Beziehung zu seiner Geschöpflichkeit, zum Ursprung seines Lebens, zu Gott. So entsteht in ihm ein großes Selbstbewusstsein, weil der Mensch in einer echten Gotteserfahrung demütig wird.
Jetzt ist er in der Lage, sich selbst und andere zu achten und ihnen in Ehrfurcht zu begegnen. Vielleicht war er vorher verkümmert in der Maßlosigkeit seiner Beziehungen oder in der Maßlosigkeit seiner Isolation – im Fasten kehrt er zurück zu seiner eigenen Mitte. Seine Verwandlung macht ihn heil, und er geht wieder hinein in den Fluss des Lebens. Er spürt dessen Fülle – und weiß, dass Gottes Wirken sich auch in Schwächen, in Krankheit und Leid ausdrückt. Die Erfahrung von Unvollkommenheit, von Verzweiflung und Tod ist heilsam für das Leben des Menschen.
Diese Heilkraft, die im Fasten entsteht, ist stärker als kluge Reden und teure Medikamente.

Gebete

Herr, unser Gott, nimm in diesen Tagen unsere Mühen und unsere Schwierigkeiten an. Der äußere Verzicht und das Fasten, das wir in diesen heiligen Tagen auf uns nehmen, erneuere uns durch deine Gnade, damit diese Tage zu einer heiligen Feier werden, die unser ganzes Leben läutert, verändert und heiligt.

Körperübung

Auf Gott hören

Ich setze oder lege mich wieder an einen Platz, wo ich gerne bin. Das kann daheim sein oder draußen auf einer ruhigen Parkbank, auf einer Wiese, an einem Bach.
Ich schließe meine Augen und höre auf Gott. Das ist schwierig, weil Gott meistens schweigt. Um ihn verstehen zu können, muss ich selber auch schweigen.
Ich höre in mich hinein. Wahrscheinlich nehme ich zuerst meine Befindlichkeit wahr, vielleicht meine Schmerzen, meine Freude, aber ich lasse all diese Gedanken wieder los – wie durch Vorhänge gehe ich durch sie hindurch. Bei diesem Durchschreiten meiner inneren Räume höre ich – auf Gott. Ich bitte ihn um ein Wort, um ein Zeichen. Es kann ein Wort aus der Heiligen Schrift sein, das mir „einfällt", ein Gedanke, ein Gefühl – ich nehme es in mein Herz hinein.
Vielleicht gelingt es nicht gleich beim ersten Mal, dass ich Gott höre, doch das soll mich nicht entmutigen.
Diese Übung, für die ich mir mindestens eine Viertelstunde Zeit nehmen sollte, eignet sich besonders für die Fastenzeit.

Eine Fastenerfahrung

Lange daran kauen

„Fasten ist Schwerstarbeit! Ich erlebe mich in einer starken inneren und äußeren Auseinandersetzung. Meine Seelenwand wird dünner. Schmerz und Freude empfinde ich intensiver als sonst. Alte Wunden, Empfindungen und Verzweiflungen brechen auf.
Im Bild des Semmel-Essens entdecke ich ein Modell zur Problemlösung: Vieles muss ‚alt' werden, in Scheiben geschnitten, lange gekaut – und wird dann erst geschluckt."

Der 27. Fastentag *Montag in der fünften Fastenwoche*

Sich selber achten

Viele Kinder fühlen sich von ihrem Vater nicht bedingungslos angenommen. Sie spüren, dass sich der Vater zwar über manche gute Eigenschaft freut, aber das Kind in seiner lebendigen Ganzheit mit allen Fehlern und Unvollkommenheiten nicht wirklich akzeptiert. Solche Kinder sind enttäuscht und suchen ständig nach der väterlichen Wertschätzung – auch später beim Lehrer in der Schule, beim Chef im Beruf, in Freundschaften und im Verein. Ihr mangelndes Selbstwertgefühl führt im späteren Leben oft dazu, dass sie sich auf ihrer Suche nach Anerkennung mit äußeren Statussymbolen, mit Show und Schein umgeben, um Anerkennung zu erheischen. Sie neigen dazu, auf andere neidisch zu sein, und lehnen Autorität in jeder Form strikt ab. Sie sind in der Gefahr, ihr eigenes Leben zu zerstören.

Aus dieser „Vaterwunde" entwickeln sich nicht selten auch körperliche Leiden – oft entstehen Krankheiten am Rücken und im Kopfbereich, manchmal tritt Magersucht oder Fresslust auf.

Die „Vaterwunde" kann geheilt werden, wenn sich der Mensch selber wieder annimmt, sich achtet und schätzt – auch mit seinen Unzulänglichkeiten. In der Beziehung zu Gott kann dieser Mensch väterliche Autorität in besonderer Weise erleben; denn Gott gibt jedem seine Ehre und Würde – unabhängig von seiner Leistung und seinen Verdiensten, von seinen Schwächen und Stärken.

Ganzheitliches Fasten hilft, sich selbst und das eigene Leben zu achten, weil Gott dem Menschen Leben schenkt und ihm mit Achtsamkeit begegnet.

Gebet

Barmherziger Gott, kein Mensch kann ohne dich leben und bestehen. Jeder von uns lebt von deiner Gnade. Reinige unsere Herzen, unseren Leib, festige uns im Glauben und führe uns durch deine Kraft und Stärke, damit das Heil und das Leben in uns wachsen und wir frei werden von aller Schuld, um so Reinheit und Frieden mit uns selber und mit den Menschen zu finden.

Körperübung

Sich aufrichten

Ich stehe locker auf den Füßen. Die Arme hängen seitlich herab, meine Augen und der Mund sind geschlossen. Ich atme ruhig und sehr bewusst.
Dann neige ich mich nach vorne. Aus dieser Haltung richte ich mich wieder ganz langsam auf, strecke dabei meine Hände weit nach oben, dann lasse ich die Arme wieder sinken und komme ruhig zum Stehen.
Auch diese Übung kann ich mehrfach wiederholen.
Die bewusste Aufrichtung zeigt mir, dass ich im Leben fest auf der Erde stehe, mich in Ehrfurcht verneige – und mich aufrichte zum Himmel, zu Gott.

Eine Fastenerfahrung

Aufrichtigkeit im Leben

„Je mehr ich mich aufrichte, desto aufrichtiger bin ich. Wenn ich einem anderen Menschen nicht aufrichtig begegnet bin, fehlte mir das eigene Selbstbewusstsein. Dann spürte ich, dass ich nicht zu mir selber stehe. Das hat mir das Nachdenken über die heutige Körperübung bewusst gemacht."

Der 28. Fastentag *Dienstag in der fünften Fastenwoche*

Der halbe Mensch ist ganz

Die Identität eines Menschen hängt von seinem Geschlecht ab: Er ist entweder Mann oder Frau. Aber paradoxerweise kann sich seine Persönlichkeit nur dann voll entfalten, wenn ihm bewusst wird, dass in ihm sowohl männliche als auch weibliche Eigenschaften angelegt sind. Wenn es ihm gelingt, diese scheinbaren Gegensätze in seinem Lebenskonzept zu vereinen, wird er seine „Mann/Frau-Wunde" heilen – er überwindet seine Halbheit, weil er weiß und angenommen hat, dass er nie ganz (Mann und Frau) sein kann. Gelingt ihm diese Integration seiner männlichen und weiblichen Anlagen nicht, besteht die Gefahr, dass daraus eine Lebenslüge erwächst: Man hält sich für einen perfekten Menschen, der auf Beziehungen verzichten kann und sich mit niemandem auseinander setzen muss. Solche Menschen sind ständig auf der Jagd nach Abenteuern mit dem anderen Geschlecht, sie suchen die perfekte Beziehung, die sie natürlich nicht finden können – sie wechseln ihre Partner wie die Hemden. Dabei neigen Frauen zur Unterwürfigkeit, Männer werden oft zu Machos – oder umgekehrt.

Um zu einem sinnvollen Leben zu kommen, muss der Mensch seine männlichen und weiblichen Eigenschaften in sein Leben integrieren, ohne sein Defizit, seine Halbheit zu verleugnen – das ist nicht leicht, denn unsere gesellschaftlichen Normen sind ziemlich erstarrt, sehen nur das eine oder das andere und wollen den perfekten, vollkommenen Menschen.

Gebet

Herr, unser Gott, in diesen heiligen Tagen des Fastens und der Buße sei uns nahe und verlasse uns nicht. Stehe uns bei mit deiner Gnade, damit der Weg der Umkehr, der Wandlung und der Veränderung zu einer inneren Versöhnung wird mit dir, mit unseren Schwestern und Brüdern und mit uns selbst.

Meditation

Mit Zöllnern und Sündern

Ein Zöllner gab für Jesus in seinem Haus ein großes Festmahl. Viele Zöllner und andere Gäste waren mit ihnen bei Tisch. Da sagten die Pharisäer und ihre Schriftgelehrten voll Unwillen zu seinen Jüngern: Wie könnt ihr zusammen mit Zöllnern und Sündern essen und trinken?
Jesus antwortete ihnen: Nicht die Gesunden brauchen den Arzt, sondern die Kranken. Ich bin gekommen, um die Sünder zur Umkehr zu rufen, nicht die Gerechten.

Lukas-Evangelium, Kapitel 5, 29 - 32

Eine Fastenerfahrung

Konfrontation

„Fasten führt uns an unsere Wunden – an all das, was man gerne versteckt, verleugnet und nicht wahrhaben will. Mit dem Weglassen der Nahrung schmelzen nicht nur Fettpolster und Schlacken weg, es lösen sich auch die seelischen Bandagen und Krücken auf, die Mauern stürzen ein, die man im Laufe der Jahre in sich aufgebaut hat. All das hat die inneren Wunden versteckt, die beim Fasten wieder freigelegt werden. Ich empfinde das als schmerzlichen, aber heilsamen Prozess."

Der 29. Fastentag

Mittwoch in der fünften Fastenwoche

Ungeliebt durchs Leben?

Viele Menschen fühlen sich ungeliebt – von Vater und Mutter, von den Geschwistern, von den Menschen um sie herum. Sie haben das Gefühl, dass sie Anerkennung und Liebe nur erlangen können, wenn sie etwas leisten. Aus dieser Fehleinschätzung heraus werden sie zu Arbeitstieren: Mit fast dämonischer Aktivität streben sie nach Anerkennung im Beruf und in der Gesellschaft. Leistung ist alles, was für sie zählt! Besessen von ihrem Hochleistungsstreben, rennen sie als Einzelkämpfer durchs Leben, machen jede Mode mit oder suchen im Konsumrausch – nach Liebe. Und weil sie keine Liebe finden, fühlen sie sich verlassen und verloren – und verstärken ihre Aktivitäten. Oft schlägt dann ihr Gefühl, trotz aller Bemühungen ungeliebt zu sein, in Hass und Ablehnung auf alle und alles um, was Geborgenheit ausdrückt und vermitteln will.

Ungeliebtsein ist in unserer Spaßgesellschaft ein weit verbreitetes Leiden. Es kann geheilt werden – oft ganz mühsam –, wenn sich diese Menschen bewusst werden, dass sie bei sich selbst anfangen müssen. Sich selbst zu lieben, ohne Selbstmitleid und Selbstvergötzung, ist die Voraussetzung dafür, von anderen geliebt zu werden – bedingungslos und ohne dass vorher Leistungen erbracht werden müssen. Aber dieser hohe Anspruch kann von Menschen nur unvollkommen erfüllt werden. In ihrer reinsten und höchsten Form erfährt ein Mensch die Liebe von Gott – deshalb ist eine Beziehung zu Gott der Weg, um die Wunde des Ungeliebtseins zu heilen.

Fasten darf nicht zum Leistungssport degradiert werden, um von anderen oder von Gott geliebt zu werden. Fasten ist selbstlose Liebe zu sich – ohne Hintergedanken und falsche Absichten.

Gebet

Herr, unser Gott, diese heilige Zeit nehme von uns alle destruktiven und zerstörerischen Kräfte. Es löse von uns alle Schuld und gewähre uns deinen Schutz. Entreiße uns der Gleichgültigkeit und rufe in uns einen lebendigen Glauben wach, der das Leben und das Vertrauen fördert.

Meditation

Zur Fastenzeit der Mönche

An Fastentagen gilt: Nach der Feier der Vesper (Abendgebet) und einer kurzen Pause begibt man sich zur Lesung der „Unterredungen". Man lese vier oder fünf Blätter, soviel die Zeit eben erlaubt.
So können während dieser Lesung alle (Mönche) zusammenkommen, auch wenn sie noch mit zugewiesenen Arbeiten beschäftigt waren.
Sind alle versammelt, halten sie die Komplet (Schlussgebet). Wenn sie dann aus der Komplet kommen, gebe es für keinen mehr die Erlaubnis, irgendetwas zu reden.

Aus der Regel des heiligen Benedikt

Eine Fastenerfahrung

Neues entdeckt

„Heute habe ich bei mir viel Neues entdeckt, was ich bisher zu wenig beachtet habe. Das Fasten bringt verschüttete Gefühle wieder zum Vorschein, auch Schmerz und alte Erinnerungen. Ich spüre eine gewisse Ratlosigkeit – offenbar kann ich die Dinge nicht nur mit dem Verstand lösen, sondern muss sie annehmen und geschehen lassen. Vielleicht bin ich noch nicht offen genug für solche Erfahrungen ..."

Gottferne als Chance

Menschen machen im Leben immer wieder die Erfahrung von Einsamkeit, Verlassensein. In solchen Stunden sehnt man sich nach Nähe und Geborgenheit – nach einem Menschen, nach Gott. Gottferne birgt in sich eine Sehnsucht, vielleicht auch die Erkenntnis des eigenen Schmerzes und der eigenen Unfähigkeit. Dabei werden häufig selbstverschuldete Fehler in ein Unbehagen verwandelt, für das man Gott oder andere Menschen verantwortlich macht. Die so empfundene Gottferne ist jedoch eher ein Hinweis darauf, dass man sich selber vom Leben und von Gott distanziert hat. In diesem Fall ist es gut, seine Beziehungen zu betrachten – zu sich selber, zu anderen Menschen, zur Schöpfung. So wird Gottesferne zu einer Chance, in den Spiegel zu schauen, um das eigene Leben zu erkennen.

Gottesferne ist eine Erfahrung, die getragen ist von Sehnsucht nach Nähe, nach Liebe. Vielleicht empfinden wir Gott auch deshalb so fern, damit unsere Liebe zu ihm wächst – wie beim Fernweh, wenn der Wunsch nach dem weißen Strand, nach der Insel und dem blauen Meer ständig stärker wird.

Wer die Gottferne in sich spürt, oft ein Leben lang ringt und sich mit Gott auseinander setzt, den wird Gott in seine Nähe holen – ja, er kann darauf vertrauen, dass ihm Gott auch in diesen Erfahrungen ganz nahe ist.

Fasten provoziert oft das Empfinden der Gottferne, der Beziehungslosigkeit. Der Fastende darf sich in diesen Augenblicken nicht vom eingeschlagenen Weg abbringen lassen.

Gebet

Gütiger Gott, du schenkst allen Menschen das Leben. Du verzeihst den Menschen, wenn sie Schuld auf sich geladen haben, weil sie immer wieder zu dir umkehren. Lass mich selber diese lebendige Umkehr in dieser Zeit leben und habe Erbarmen mit meiner Schwachheit. Vergib, dass ich gefehlt habe, mache mich fähig, den alten Menschen abzulegen und einen neuen Menschen anzuziehen, der nach deinem Bild geschaffen ist, damit ich auf dem Weg dieser Verwandlung und der Pilgerschaft des Lebens zu dir und zum wahren ewigen Leben gelange. Darum bitten wir durch Christus, unseren Herrn.

Körperübung

Das Herz beleben

Ich stehe aufrecht mit geschlossenen Beinen; die Arme hängen locker seitlich am Körper herab. Ich hebe langsam die Hände und lege die Handflächen vor der Brust zusammen, die Finger zeigen dabei nach oben. Die Unterarme sollten eine waagrechte Linie bilden.
Ich achte darauf, dass ich die Hände nicht zu hoch halte.

Ich sinke leicht in die Knie und bewege aus dieser Position die gefalteten Hände sanft und nachdrücklich nach links – so weit, bis der Endpunkt der Bewegung erreicht ist. Gleichzeitig weiche ich mit Hüfte und Knien in die gegenüberliegende Richtung, also nach rechts, aus.
Ich mache die Übung achtmal abwechselnd nach jeder Seite.

Eine Fastenerfahrung

Das Gebet hilft

„Nach dem Frühstückstee habe ich mich mit Loslassen und Festhalten auseinander gesetzt. Dazu sind mir viele Grenzsituationen in meinem Leben eingefallen. Mir wurde klar, dass es nicht entscheidend ist, ob ich eine Idee oder einen Prozess immer zu Ende bringe – wichtiger ist der gute Wille, etwas zu tun. Mir hat dann fast immer das Gebet geholfen. Denn Gott wirkt und vollendet alles gut."

Der 31. Fastentag

Freitag in der fünften Fastenwoche

Ein offenes Herz

Der Volksmund hat für Menschen, die besonders gütig sind und anderen unvoreingenommen gegenübertreten, ein wunderbares Wort gefunden: Sie haben, heißt es, ein „offenes oder ein gutes Herz".

Solche Menschen öffnen ihr Herz selbstlos, ohne irgendwelche Absichten. Das birgt natürlich die Gefahr, dass sie auch verletzt werden. Doch der freie Zugang zum Herzen, der nicht durch Angst und Befürchtungen, durch Laster und Süchte blockiert wird, ist die Voraussetzung dafür, dass eine innere Berührung stattfinden kann. Ein offenes Herz macht den Menschen frei – und verwundbar. Diese Erfahrung ist manchmal sehr schmerzlich.

Das Herz macht nur 0,03 Prozent vom Gewicht eines Menschen aus, aber es ist das Zentrum für Kraft, Liebe und unsagbare Freude. Deshalb ist es wichtig im Leben, das Herz zu öffnen und sich berühren zu lassen, auch wenn die Gefahr der Verletzung besteht.

Beim Fasten werden der Körper und die Seele leichter, durchlässiger. Die Gefühle, manchmal auch Tränen, können fließen – und das offene Herz berühren. Dieses Geschenk Gottes erlebst du als tiefe Freude.

Gebet

Allwissender Gott, du schaust nicht auf meine äußeren Werke, sondern auf die Bewegung meines Herzens. Gib, dass ich mit lauterer Gesinnung dieses Fasten vollziehe. Lass diese Zeit eine Zeit der inneren und äußeren Veränderung werden.

Körperübung

Die Verdauung fördern

Ich lege mich mit dem Rücken flach auf eine Decke, die Arme ruhen locker seitwärts neben dem Körper. Jetzt ziehe ich die Fersen zum Gesäß heran. Die angewinkelten Beine bewege ich parallel in einer leichten Pendelbewegung abwechselnd nach links und nach rechts – und zwar möglichst weit zum Boden hinunter. Vielleicht kann ich, ohne mich zu überfordern, mit dem Bein sogar den Boden berühren.
Diese Pendelbewegung wiederhole ich mehrmals, dann lasse ich die Beine wieder in die Ausgangsstellung gleiten und spüre der Bewegung nach.
Insgesamt sollte die Übung, die der Wirbelsäule gut tut und auch die Verdauung fördert, fünf bis zehn Minuten dauern.

Eine Fastenerfahrung

Zu meinen Quellen

„Ich merke, dass ich einen Weg gehe, der mich zu meinen Quellen hinführt. Aber ich spüre auch immer wieder Angst, die ein befreites Gehen verhindert. Wahrscheinlich hänge ich noch zu sehr an alten Bildern und bin in meiner Vergangenheit gefangen. Es ist schwer, seine eingefahrenen Wege zu verlassen und mit Zuversicht das Neue zu wagen. Ich hoffe, dass mir das weitere Fasten hilft, meine Sehnsucht zu erfüllen."

Vom Spiel fürs Leben lernen

Jedes Spiel ist ein Abbild des Lebens, deshalb kann man von ihm viel lernen – zum Beispiel, dass man Regeln braucht, im Spiel wie im Leben, sonst gerät alles aus den Fugen und das Spiel macht keinen Spaß mehr. Solche Regeln sind für alle verbindlich. Sie zeigen die Grenzen auf, innerhalb derer man sich frei entfalten kann – und sie bestimmen, was erlaubt oder verboten ist. Natürlich versuchen manche, sich an den Spielregeln vorbeizumogeln. Aber das Leben lässt sich nicht überlisten. Deshalb ist es gut, manchmal sein eigenes Leben auf Mogelpackungen zu überprüfen und sich zu fragen, wo ich dauernd die Spielregeln des Lebens missachte. Das Spiel lehrt auch, mit Gefühlen umzugehen. Freude und Frust, Trauer und Glück, Depression und Aggression – im Spiel ist es wie im Leben. Da wie dort gibt es Gewinner und Verlierer. Beides gehört zum Leben und zum Spiel. Oft kann man im Leben und im Spiel nicht mehr genau unterscheiden, wer wirklich verloren oder gewonnen hat. Entscheidend ist das rechte Maß zwischen Wagemut und Einsatzfreude, zwischen der schnellen Entscheidung und dem klugen Weitblick.
In einem unterscheidet sich allerdings das Spiel vom Leben: Jedes Spiel hat ein Ende – und das wahre Leben geht nach dem Tod mit der Auferstehung weiter.

Gebet

Allmächtiger, ewiger Gott, gib allen denen, die sich in diesen Tagen auf das Osterfest vorbereiten, dass wir an Leib und Seele gereinigt werden und so mit neuer Kraft dieses Leben bestehen. Lass durch das Fasten in uns einen Boden bereitet werden, damit unser Geist sich erneuert.

Körperübung

Noch eine Verdauungsübung

Ich liege wieder entspannt auf dem Rücken, die Arme neben dem Körper. Wieder ziehe ich die Fersen zum Gesäß heran, sodass beide Knie nebeneinander nach oben zeigen.
Mit den beiden Händen umfasse ich die Kniescheiben und beginne, die Knie langsam im Uhrzeigersinn zu kreisen – immer mit Hilfe der Hände und Arme.
Auch diese Übung, die ich wieder fünf bis zehn Minuten lang mache, ist gut für den Rücken und für die Verdauung.

Eine Fastenerfahrung

Müde und zufrieden

„Ich fühle mich körperlich und seelisch sehr wohl. Zwar habe ich zwischendurch immer einmal wieder Geschmack auf Essen, aber es hält sich in Grenzen.
Ich spüre, wie mehr und mehr innerer Friede und Freude bei mir einkehren. Ich bin müde und zufrieden.
Manchmal tauchen alte Schmerzen auf – und ich weiß oft nicht, was sie bedeuten. Ich werde diese Hinweise noch sensibler beachten müssen, weil ich glaube, dass es sich um alte Verwundungen handelt."

Inspiration für die fünfte Fastenwoche

Das Kreuz des Lebens

Das Kreuz, Symbol und Urzeichen des Christentums, ist das Koordinatensystem des Lebens. Es drückt Kraft und Weisheit aus – und begegnet uns auf Schritt und Tritt in unserem Alltag.
Wenn sich der Mensch aufrichtet und seine Arme ausbreitet, wird sein eigener Leib zum Kreuz. Mit den Füßen steht er fest auf der Erde – diese „Bodenhaftung“ ist wichtig für sein Leben. Denn er ist verwurzelt in sich selber, in seiner Familie, in seinen Erfahrungen, seiner Geschichte und in einem Ort, an dem sich sein Leben ereignet.
Das Kreuz hält den Menschen in der Realität des Lebens – und führt ihn gleichzeitig hinauf zum Himmel, in die Weite jener transzendenten Wirklichkeit, die wir Gott nennen. In diesem Aufgerichtetsein zum Himmel spürt der Mensch seine Sehnsucht zu Gott, der mit der gleichen Sehnsucht zu ihm kommt – in Christus ist er selber Mensch geworden.
In der Kreuzhaltung weist der rechte Arm in die Welt des Verstandes, des Denkens und Handelns – und nach links führt das Kreuz hinein in unsere Gefühle und Empfindungen. Der Mensch zerstört sein Leben, wenn er sich nur nach der einen oder nur nach der anderen Seite orientiert, nur nach oben oder unten: Ruhe, Frieden und Gelassenheit findet er nur im Schnittpunkt des Kreuzes – in dieser Mitte liegt das gute Maß zwischen Gefühlen und Verstand, zwischen Himmel und Erde. Verlässt er diesen Kreuzpunkt, ist die Gefahr groß, dass er – wie der Volksmund sagt – „verrückt“ wird.

Wenn sich ein Mensch in die Mitte des Kreuzes hineinbegibt, erfährt er eine neue Dimension des Lebens: die Auferstehung. Deshalb ist das Kreuz auch ein großes Segenszeichen – in der Bekreuzigung holen die Menschen den Segen in ihre eigene Mitte herein und spüren die Fülle des Lebens, in dem Höhen und Tiefen, Freuden und Nöte vereint sind. An diesem Urgrund des Lebens zeigt sich Auferstehung: Leib und Seele werden auf für uns unvorstellbare Art und Weise eins – und verwandelt.
Im Kreuz ist auch das Leid symbolisiert – und die Fähigkeit, mit-zu-leiden. Im aufrichtigen Mitleid zeigt sich wahre Menschlichkeit: mit tiefem Gefühl das Leben mit anderen zu teilen – im Schmerz und in der Freude, in Glück und in Trauer.
Wer das Geheimnis des Lebens Jesu begreifen will, seine Menschwerdung, seine Botschaft, seinen Tod und seine Auferstehung, muss das Kreuz begreifen – nicht nur mit dem Verstand, sondern auch mit den Gefühlen, mit Leib und Seele, mit dem Herzen. Dieser Weg führt nicht nur zu Jesus, sondern auch zu mir selbst und zu den Menschen. Im Kreuz – am Schnittpunkt zwischen oben und unten, zwischen links und rechts – spiegeln und sammeln sich alle

Konflikte der Welt und des eigenen Lebens: der Konflikt zwischen Himmel und Erde, zwischen Verstand und Gefühl, zwischen Wollen und Vollbringen, zwischen Hoffnung und Verzweiflung, zwischen Egoismus und Altruismus. Der Mensch erleidet diese Konflikte, lebt in den Spannungsfeldern und sucht nach Lösungswegen, genauso wie es Jesus getan hat. Wir Christen glauben, dass er uns durch seinen Tod am Kreuz erlöst hat. Das ist nur die halbe Wahrheit. Er hat uns durch seinen Tod am Kreuz und durch seine Auferstehung erlöst, hat uns das Leben und den Frieden geschenkt.

In der Mathematik kennt man das Kreuzzeichen (+) als ein Plus. Es entsteht sogar dann, wenn man minus mal minus multipliziert – ähnlich ist es im Leben: Wenn sich Leid – zum Beispiel im Tod – vervielfacht, wendet sich alles zum Positiven, zur Freude, zum Leben.

Das Kreuz ist also nicht nur ein Zeichen des Todes, des Konfliktes und des Leidens, sondern auch ein Zeichen des Lebens, der Erlösung und der Freude. Auf das eigene Leben übertragen heißt dies: Gerade im Kreuz, im Leid, in Schmerz und Tod liegt der Keim des Lebens – sie werden zu Toren für ein neues Leben, wenn man sie wie eine Leiter, einen Schlüssel oder eine Brücke benützt. Der Mensch kann diesen Schlüssel finden, wenn er seine Eindimensionalität, die Enge und sein hinderndes Denken und Handeln wie einen Stock zerbricht und neue Wege, neue Ziele und neue Perspektiven gewinnt, indem er alle Erfahrungen seines Lebens miteinander verbindet.

Diesen Schlüssel findet man auch, wenn man sein Herz berühren, vielleicht sogar verwunden lässt – und wenn sich das eigene Herz öffnet, so wie sich das Herz Jesu nach dem scheinbaren Todesstoß mit der Lanze geöffnet hat.

Seit diesem Augenblick am Kreuz wissen wir, dass Gott selber ein Herz für uns Menschen hat und dass auch unser Tod durch den Tod Jesu (minus mal minus = +) überwunden wurde.

Das Fasten mit Leib und Seele ist eine Form der Einübung in dieses Geheimnis. Im Fasten erfährt der Mensch Leid und Freude, Schmerz und Glück, Trauer und Trost. Oft möchte er diese Erfahrungen nicht wahrhaben und weicht ihnen aus. Im Fasten vervielfachen sich alle negativen Erfahrungen, werden zum großen Zeichen (+) des Segens und des Lebens – und verwandeln den Menschen.

Es genügt, das Kreuz Jesu zu betrachten oder einen Stock zu zerbrechen und daraus ein Kreuz zu legen oder sein Herz verwunden und öffnen zu lassen. So wird das Ziel des Fastens erreicht: das neue Leben in der Auferstehung!

Handeln und Denken allein genügen dazu nicht. Im Letzten ist Auferstehung ein Geschenk Gottes.

INRI

Der 33. Fastentag *Fünfter Fastensonntag*

Wunder der Wandlung

Im Menschen stehen die einzelnen Organe mit ihren unterschiedlichen Funktionen, die Zellen und Zellverbände auf wunderbare Weise miteinander in Beziehung – und dieses Gesamtkunstwerk des Lebens ist innig verflochten und verwoben mit dem Denken und Fühlen des ganzen Menschen, der wiederum als Teil der Schöpfung eingebunden ist in große kosmische Zusammenhänge. Alles hängt vermutlich mit allem zusammen, jeder Teil gibt und nimmt – das gilt für die kleinste Körperzelle wie für das faszinierende Ineinandergreifen der universalen Ordnung. Alle Geschöpfe sind in Schwingungen und Rhythmen miteinander verbunden.

Im Fasten kann der Mensch diesen großen Rhythmus der Schöpfung erfahren. Denn der Entzug von Nahrung reinigt und regeneriert nicht nur seinen Körper, sondern befreit auch die Seele von überflüssigem Ballast, von manchem Laster.

Der fastende Mensch kehrt durch einen inneren Klärungsprozess zum Leben zurück, von dem er sich durch den Verlust seines Rhythmus abgewendet hat.

Im Fasten vollzieht sich das Wunder der Wandlung, das im Körper zu spüren ist und das unmittelbar auf die Seele und den Geist Auswirkungen hat.

Gebet

Großer und heiliger Gott, du gibst einem jeden Menschen die Gnade, das Rechte zu tun und ein erfülltes Leben zu finden. Gib, dass wir stets auf das Rechte bedacht sind und es auch entschlossen tun. Da wir ohne dich und deine Gnade nicht leben können, hilf uns in deinem Geist, nach deinem Willen zu leben.

Körperübung

Umkehren

Ich stehe locker auf meinen zwei Füßen, die Arme hängen seitlich am Körper herab, meine Augen sind geschlossen.
Jetzt beschließe ich, mich umzudrehen.
Ich verlagere mein Gewicht auf einen Fuß und beginne mich zu drehen: erst mit dem Kopf, mit den Augen und der Nase, dann mit dem Hals, dem Oberkörper, dem Bauch – und schließlich mit den Beinen.
Fasten ist ebenfalls eine Umkehr. Und diese Umkehr übe ich ganz bewusst mit meinem Körper, indem ich mich umdrehe. Die Umkehr-Bewegung ist – wie im Leben – ein langsamer Prozess, den ich immer und immer wieder mache. Je bewusster ich diese Körperübung ausführe, desto besser ist es auch für meinen Geist und für die Seele.

Eine Fastenerfahrung

Freude auf Ostern

„In dieser letzten Fastenwoche habe ich das Gefühl, dass mein Leben eine Einheit geworden ist: Fasten, Gebete, Arbeit, Ruhe und Bewegung – alles ist in mir eins geworden. Ich bin glücklich, empfinde große Dankbarkeit und freue mich auf den Ostersonntag, natürlich auch aufs Essen."

Der 34. Fastentag *Montag in der Karwoche*

Abfasten beginnen

Wie die Fastenzeit so muss auch das Abfasten rechtzeitig geplant und überlegt werden. Aus dem Fasten darf man nicht abrupt zum normalen Essen übergehen, sonst werden der Leib und auch die Seele überfordert und überlastet. Wer also am Ostersonntag, dem Fastenziel, das Essen wieder genießen will, muss rechtzeitig in der Karwoche mit dem Abfasten beginnen.

Am Anfang „schleicht" man sich langsam ins Fasten hinein – und in der Karwoche allmählich wieder heraus. Mit dem Abfasten verabschiedet man sich nicht aus seiner im Fasten neu gewonnenen Lebenshaltung, sondern nimmt diese Orientierung mit in den Alltag. Auch wenn man im Fasten Freude empfunden und tiefe Erfahrungen gemacht hat: Das Ziel ist Ostern, das heilige Mahl, ist das bewusste Essen und Trinken im Lebensalltag. Die Erfahrungen im Fasten helfen, das Leben besser gestalten zu können. Die innere und äußere Reinigung wird beim Abfasten mit in den Alltag hinübergenommen.

Es ist wichtig, die Regeln des Abfastens vor allem dann genau zu beachten, wenn die Fastenzeit lange gedauert hat und streng war. Denn der Leib muss sehr behutsam in den normalen Alltag zurückgeführt werden.

Gebet

Gütiger Gott, in diesen Tagen entdecke ich, dass ich in meiner Schwachheit versage und anfällig bin für das Zerstörerische und das Böse. Ich denke an das Leiden deines Sohnes und bitte dich, dass ich mich daran aufrichten kann und so neues Leben gewinne. Dein Sohn selber ist durch dieses Leben, durch Leid und Kreuzigung gegangen, um uns allen das Leben zu schenken. Du bist durch ihn in dieser Welt eingekehrt und hast Wohnung bei uns genommen. Bleibe mir in diesen Tagen nahe, wache über uns und lass mich deine Güte erfahren.

Körperübung

Bewusst stehen

Stehen ist wichtig; denn um leben zu können, brauche ich einen „Standpunkt“.
Ich stelle mich auf meine Füße. Die Arme hängen seitlich locker herab, die Füße stehen gut auf dem Boden. Die Augen und der Mund sind locker geschlossen. Ich bin aufgerichtet und nehme bewusst meinen Atem wahr. Ich stehe ruhig, aber mein Stehen ist keine Erstarrung, sondern eine tiefe Bewegung – ich nehme die leichte Pendelbewegung meines Körpers wahr.
Ich erfahre in dieser Übung, die ich immer wieder machen kann, dass ich im Leben einen Standpunkt brauche, der mir meine Eigenständigkeit gibt, und dass ich dabei immer in Bewegung bin.

Eine Fastenerfahrung

Hunger nach Leben

„Das Gefühl, das ich mitbringe, wird am Besten in einem Gedicht von Ringelnatz beschrieben: ‚Aus tiefer Seele zieht mit Nasenflügelbeben ein ungeheurer Appetit nach Frühstück und nach Leben.‘
Ich habe Hunger nach Leben, Lebendigkeit, nach Erotik und Sinnlichkeit – und habe Angst davor. Mit Essen kann man das leicht zudecken, aber was ist, wenn es nichts zu essen gibt?“

Der 35. Fastentag

Dienstag in der Karwoche

Fasten: Tod und Auferstehung erfahren

Fasten wird oft verwechselt mit einer Hungerkur, bei der sich die Leute durch Tage, manchmal sogar durch Wochen hindurchquälen, um ein paar Kilo abzunehmen.

Die christliche Fastenzeit dagegen hat ein spirituelles Ziel: Sie will den ganzen Menschen erfassen, also sowohl den Körper als auch die Seele und den Geist. Beim Fasten soll der Mensch regeneriert werden, indem er die Erfahrung von Tod und Auferstehung macht.

In fast allen Religionen, in den großen Weisheitslehren der Welt und bei den meisten Naturvölkern findet man eine solche jährlich wiederkehrende Fastenzeit, weil sie offenbar den Menschen gut tut. Denn Fasten bringt nicht nur dem Körper eine Gewichtsreduktion, sondern dient dem geistig-seelischen Wohlbefinden des ganzen Menschen.

Die 40-tägige Fastenzeit vom Aschermittwoch bis Ostern ist für den Menschen eine Chance, sein Leben einmal sehr bewusst zu beachten. Das gelingt noch besser, wenn man nicht allein fastet, sondern mit einem Partner oder in einer größeren Gemeinschaft. Denn in der Gruppe ist es leichter, alte Fehler und Nachlässigkeiten des Alltags oder aus früheren Zeiten zu erkennen und zu beseitigen, indem man gemeinsam über sein Leben und seine Erfahrungen spricht.

Gebet

Gütiger Gott, ich denke an das Leiden und die Auferstehung deines Sohnes und weiß, dass ich dadurch das Leben gewinne. Schau jetzt auf mein Fasten und auf meinen Weg zum Osterfest, lass mich in diesen Tagen die Gabe des Heils annehmen und gib mir und den Menschen, die du mir anvertraut hast, Kraft in dieser Zeit und in der kommenden Welt einmal das ewige Leben. Darum bitte ich dich durch Jesus Christus, deinen Sohn.

Körperübung

Nach außen schauen

Ich setze mich daheim an ein Fenster oder auf den Balkon und schaue nach draußen. Was sehe ich da – Natur, Häuser, technische Anlagen? Ich nehme bewusst wahr, was von draußen ins Haus, in mich einströmt. Dabei achte ich auf die Gedanken und Gefühle, die aufkommen – und gleichzeitig versuche ich, die Botschaft zu erspüren, die dahinter steht. Was sagt mir der Baum, der auf der anderen Straßenseite verdorrt – erinnert er mich an die eigene Vergänglichkeit?

Alles, was ich draußen wahrnehme, hat eine Beziehung zu mir und berührt mich in diesem Augenblick des Betrachtens.

Diese Übung mache ich etwa zehn Minuten lang.

Eine Fastenerfahrung

Aushalten

„Ich erlebe mich in meinem Tun und Handeln oft als jemand, der ‚festgenagelt' ist und sich nicht mehr bewegen kann. In solchen Augenblicken weiß ich nicht, ob es noch einen Ausweg gibt. Dann bleibt mir nichts anderes übrig, als die Situation auszuhalten – in der Hoffnung, dass eine Verwandlung geschieht."

Das weite Herz

Das Herz ist wahrscheinlich unser wichtigster Ort der Kraft und des Heils – doch dazu muss es berührt werden. Gemeint ist nicht eine äußerliche Berührung, sondern eine innerliche – durch Gedanken, Gefühle und ein Berührtwerden durch Gott.

Der Weg zum Herzen führt über die Sinne: hören, sehen, riechen, schmecken, tasten. Die bewusste Wahrnehmung eines Tons oder eines Duftes wird in Empfindungen verwandelt – und zum Herz weitergeleitet. Deshalb ist es wichtig, dass nicht Hindernisse den Weg zum Herzen versperren: Gier, Neid, Stolz, Geiz – vor allem unsere Begierden und Süchte blockieren den Weg der Gefühle, die das Herz berühren. Erst wenn dir diese Laster bewusst werden und du sie verwandeln kannst, wirst du frei, und das Herz kann weit und fröhlich werden. Fasten erleichtert den Leib und die Seele. Es baut auch die hinderlichen Barrieren ab, die durch Ängste und Laster genährt werden. Im Fasten wirst du durchlässiger, feinfühliger, empfindsamer – jetzt kann das Leben fließen und dein Herz berühren.

Gebet

Heiliger Gott, du hast deinen Sohn in die Welt gesandt und er ist durch den Kreuzweg gegangen und am Kreuz gestorben. Lass mich begreifen, dass auch ich in meinem Leben Kreuz und Unheil erfahre und lass mich dieses Leben, auch die Verwundung, die Schmerzen, ertragen im Blick auf deinen Sohn Jesus Christus.

Meditation

Die Frage nach dem Fasten

Da kamen die Jünger des Johannes zu Jesus und sagten: Warum fasten deine Jünger nicht, während wir und die Pharisäer fasten? Jesus antwortete ihnen: Können denn die Hochzeitsgäste trauern,

solange der Bräutigam bei ihnen ist? Es werden aber Tage kommen, da wird ihnen der Bräutigam genommen sein; dann werden sie fasten.
Niemand setzt ein Stück neuen Stoff auf ein altes Kleid; denn der neue Stoff reißt doch wieder ab, und es entsteht ein noch größerer Riss. Auch füllt man nicht neuen Wein in alte Schläuche. Sonst reißen die Schläuche, der Wein läuft aus, und die Schläuche sind unbrauchbar. Neuen Wein füllt man in neue Schläuche, dann bleibt beides erhalten.
Matthäus-Evangelium, Kapitel 9, 14–15

Eine Fastenerfahrung

Das Herz öffnen

„Meine Gedanken waren heute bei Situationen, die jeder schon einmal erlebt hat: schlimme, scheinbar aussichtslose Probleme, die sich allein mit dem Verstand nicht mehr lösen lassen. Da kannst du nur noch dein Herz öffnen und die Dinge annehmen, wie sie sind."

Der 37. Fastentag Gründonnerstag

Essen und Trinken: Abbild des himmlischen Mahls

Essen und Trinken, sagt der Volksmund, hält Leib und Seele zusammen. Das stimmt, sofern es im rechten Maß geschieht, sonst kann es krank machen und den Tod bringen.
Menschen sehnen sich nicht allein deshalb nach Essen, weil sie Hunger haben – dahinter steckt mehr: die Sehnsucht nach dem Himmel, nach dem großen Gastmahl, von dem die Propheten und alle Heiligen berichten und zu dem uns Gott einlädt.
Alle Religionen berichten in ihren heiligen Schriften von diesem himmlischen Mahl, dem spirituellen Abbild von Essen und Trinken auf Erden.
Im heiligen Mahl wird der Mensch eins mit sich, mit anderen, mit der Schöpfung, mit Gott. Diese „Kommunion" ist die innigste Verbindung, die ein Mensch eingehen kann – und die er zum Beispiel in der Eucharistiefeier erfährt, wenn Jesus sagt: Nehmet und esst alle davon, dies ist mein Leib, das ist mein Blut ...
Fasten lehrt uns die Sehnsucht und den Hunger: nach Essen, nach Leben in Fülle. Es ist ein Sehnen nach Auferstehung – am Ende einer überwundenen Krankheit, nach dem Tod.
Das heilige Mahl, in welcher Form es auch immer genossen wird, ist stärker als der Tod, weil es eine Türe zum ewigen Leben ist.

Gebet

Gütiger und ewiger Gott, du hast deinen Sohn in diese Welt gesandt und hast uns Anteil an seiner Bürde und am göttlichen Leben geschenkt. Hilf, dass ich in dieser Welt Zeugnis gebe von der Erlösung und der Gnade, lass mich bereit sein, so wie dein Sohn Brot mit anderen zu teilen, und gib mir den Mut und das Vertrauen, dass es für mich und für uns alle heilsam ist, wenn wir einander die Füße waschen, wie er es getan hat. Darum bitte ich dich durch ihn, deinen Sohn, der uns Leben und Heil schenkt.

Körperübung

Sich verneigen

Ich stehe ruhig auf meinen Füßen, meine Augen und der Mund sind locker geschlossen, die Arme hängen seitlich herab. Jetzt neige ich mich sehr langsam nach vorne – zuerst den Kopf, dann die Wirbelsäule. Ich neige mich, so weit es geht, vielleicht kann ich sogar mit den Fingerspitzen den Boden berühren. Wer Probleme mit seiner Wirbelsäule hat, sollte einen Stuhl vor sich hinstellen, damit er sich beim Verneigen mit den Händen aufstützen kann.

Ich bleibe einige Sekunden in dieser Haltung, dann richte ich mich ganz langsam, Wirbel für Wirbel, in einer weichen Bewegung wieder auf.

Die Übung wiederhole ich mehrmals. Sie macht mir bewusst, dass die Verneigung im Leben ein Zeichen tiefer Ehrfurcht ist – gegenüber mir selbst, gegenüber anderen Menschen und gegenüber Gott.

Eine Fastenerfahrung

Nur körperlich unbeweglich?

„Mir fällt es schwer, dass ich mich vor jemandem verneige. Ich habe immer geglaubt, das hat mit meiner körperlichen Unbeweglichkeit zu tun.

Aber vielleicht liegt die Ursache eher auf der seelischen und geistigen Ebene – dazu muss ich mich selber noch aufmerksamer beobachten. Das Verneigen wird mich noch einige Zeit beschäftigen."

Der 38. Fastentag *Karfreitag*

Das Symbol des Kreuzes

Im Christentum ist das Kreuz das bedeutendste Symbol als Zeichen des Heiles, des Lebens und des Segens. Sein Ursprung und sein Sinn liegen in den Ereignissen des Karfreitags, dem Tag der Kreuzigung Jesu.
Im Ursymbol des Kreuzes vereinigen sich Leben und Tod: Der senkrechte Balken weist von der Erde zum Himmel, er symbolisiert den Tod und die Auferstehung – und der Querbalken deutet hinein ins Leben, in dem jeder von anderen Menschen, von Geschöpfen und Dingen umgeben ist und mit ihnen in Beziehung steht.
Das Kreuz drückt auch aus, dass das Leben voller Bitterkeit und Verzweiflung sein kann – im Tod Jesu am Kreuz erreicht das Leid seinen Höhepunkt. Der Mensch erlebt den Schmerz, dem er nicht ausweichen kann – er muss sich in sein Schicksal fügen. Wie Jesus festgenagelt war an das Kreuz, sind auch wir oft festgenagelt an das Leben und den Tod.
Doch indem man das Leid annimmt, verwandelt es sich – hin zum Leben. Wer einem Menschen im tiefsten Leid begegnet und an seinem Schmerz voller Mitgefühl Anteil nimmt, kann ihm das Leid zwar nicht abnehmen, aber es kann verwandelt und erträglich werden.
Jeder Mensch wird mit dem Tod konfrontiert – bei Verlusterfahrungen im Leben und in seiner Sterbestunde erlebt er das Kreuz des Karfreitags. Doch in diesen letzten bedrückendsten Situationen liegt seit dem Tod Jesu der Keim der Auferstehung und des Lebens.

Gebet

Gedenke, oh Herr, der Menschen.
Ich denke heute an die großen Tage deines Erbarmens. Schütze und heilige alle Menschen, für die dein Sohn Jesus Christus in diese Welt gekommen ist, für die er sein Blut vergossen hat, für die er auferstanden ist. Lass mich an seinem Kreuz und seinem Leiden aufrichten und lass mich Vertrauen finden, dass du uns durch Kreuz und Leid zur Auferstehung führen willst.

Körperübung

Du stellst dich dem Kreuz

An einem ruhigen Ort, wo ich alleine bin, schließe ich die Augen und breite meine Arme aus. Jetzt erlebe ich meinen eigenen Leib im Ursymbol des Kreuzes: von den Füßen zum Kopf den Längsbalken, die Arme und die Brust als den Querbalken. Wenn ich einige Zeit so stehe, spüre ich, wie mich die Kraft verlässt und ich ermüde. Ich lasse meine Arme sinken und erhole mich. Dann richte ich mich wieder auf zum Kreuz.
Ich mache diese Übung dreimal.

Eine Fastenerfahrung

Beziehung zum Kreuz

„Der Karfreitag war für mich schon immer ein besonderer Tag, obwohl ich nie ein eifriger Kirchgänger gewesen bin. Aber das Fasten hat mich sehr sensibel gemacht – und heute habe ich das Symbol des Kreuzes besonders intensiv empfunden. Ich glaube, dass ich Jesus Christus noch nie so nahe war wie heute."

Der 39. Fastentag *Karsamstag*

Im Leid zur Ruhe kommen

Der Karsamstag ist der Tag der Grabesruhe. Eigentlich geschieht an diesem Tag nichts – und doch geschieht alles: Symbolisch wird das Weizenkorn in die Erde gesteckt und ist scheinbar tot. In Wahrheit bricht es auf und schlägt neue Wurzeln.

Äußerlich scheint am Karsamstag Stillstand zu herrschen – und es ist gut, selber zur Ruhe zu kommen.

Doch der Karsamstag ist auch ein Tag der inneren und äußeren Reinigung: Der Mensch reinigt seine Gedanken, seine Gefühle, den Körper – so bereitet er sich auf das große Fest vor, auch auf das Ostermahl. Mehr noch: An diesem Tag soll man wirklich auch die Räume im Haus oder in der Wohnung reinigen, in denen man lebt.

Der Karsamstag ist ein Zwischenzustand: die Stille zwischen Tod und neuem Leben. Alle großen Religionen kennen dieses Verharren in der dunklen Ungewissheit.

Der Mensch weiß nicht, was auf ihn zukommen wird, aber er bereitet sich mit seinem Leib und mit seiner Seele auf den großen Tag der Auferstehung vor.

Es ist der letzte Tag des Loslassens in der Hoffnung, dass das Leben neu geschenkt wird.

Gebet

In der Stille des Karsamstags bitte ich dich, gütiger Gott, dass ich begreife, was dein Sohn Jesus Christus und du selber uns schenkt, das ewige Leben. Er ist sogar in die Tiefe der Unterwelt hinabgestiegen, um alles Leben zu befreien und zur Auferstehung zu führen. Und so bitte ich dich um deinen reichen Segen über alle Menschen und für mich am Ende dieser Fastenzeit. Schenke uns Trost, Wachstum im Glauben und ewige Erlösung, denn ich erwarte die Auferstehung deines Sohnes, der mit dir in alle Ewigkeit lebt.

Körperübung

Vorbereitung auf das Ostermahl

Nachdem ich heute mich selber und meine Räume gereinigt habe, bereite ich das Ostermahl vor. Ich suche sehr bewusst die Speisen aus, die ich morgen essen werde. Und falls ich allein lebe, überlege ich mir, mit wem ich dieses Ostermahl teilen will – es ist ein alter Brauch, dazu jemanden einzuladen.

Eine Fastenerfahrung

Hinab in die Unterwelt

„Mich berührt der Gedanke, dass Jesus nach seinem Tod in die Unterwelt hinabgestiegen ist. Er hat die Seelen derer herausgeholt, die dort auf ihre Erlösung warteten – eine Bereinigung der letzten unklaren, dunklen Dinge in der Lebensgeschichte von Menschen."

Der 40. Fastentag

Ostersonntag

Die Überwindung des Todes

In der Dunkelheit wird das Osterfeuer entzündet, wird das neue Wasser geweiht, werden die Osterspeisen gesegnet und die Geschichten des Lebens erzählt.

Aus diesen Ritualen und aus den verkündeten Botschaften entsteht die neue Freude: Das Halleluja klingt wie ein „Oster-Lachen“ – es kommt aus dem Herzen, weil es weiß, dass der irdische Tod nicht das absolute Ende bedeutet.

Die Botschaft des Ostersonntags bedeutet: Der Tod ist überwunden. Der Mensch muss sterben, er erleidet Tod und Verlust schon zu Lebzeiten in vielerlei Formen, aber er wird auferstehen. Kein Stein ist zu schwer, keine Last zu groß, kein Grab zu tief – der Mensch überwindet sein Leid und kehrt zum Leben zurück.

Im Fasten betritt der Mensch seine eigene Dunkelheit – und erfährt am Ostertag das neue Leben, seine eigene Auferstehung. Der Glaube an Jesus, der von den Toten auferstanden ist, gibt ihm diese Gewissheit für sein Leben. Er erkennt, dass er seine Schwächen und Ängste, sein Leid und seine Verzweiflung überwinden kann.

Die Erfahrung der Freude über das neue Leben ist das Ziel des Fastens.

Gebet

Allmächtiger, ewiger, heiliger Gott, die Erfüllung aller Zeit ist das Osterfest, der heutige Tag, an dem wir alle neues Leben empfangen. Du hast den Tod überwunden und uns allen Zugang zum ewigen Leben erschlossen. Darum begehen wir vor innerer Freude das Fest der Auferstehung. Schaffe uns neu durch deinen Geist, damit auch wir auferstehen und im Licht des Lebens wandeln. Darum bitten wir durch Christus, unseren Herrn.

Körperübung

Das neue Leben wahrnehmen

Früh am Morgen, sobald es hell geworden ist, gehe ich in die Natur hinaus und mache einen Osterspaziergang. Mit allen Sinnen nehme ich das neue Leben wahr, selbst wenn noch Schnee liegt.
Ich kann jedoch auch ans Grab eines Verstorbenen gehen, den ich gut kannte. Meine Gedanken beschäftigen sich mit ihm – und was von ihm geblieben ist. In meiner Erinnerung tauchen Worte, Gesten und Gefühle auf. Sein Leib ist tot, aber er lebt weiter, auch in mir.

Eine Fastenerfahrung

Wacher geworden

„Mir war heute die Erfahrung wichtig, dass ich durch die Reduzierung von Essen und Trinken innerlich wacher geworden bin. Dabei wurde mir mein Leben von Tag zu Tag transparenter: Alle Stationen meines Lebens, die hellen wie die dunklen, erscheinen mir als wertvoll – es erfüllt mich mit Freude, sie erlebt zu haben.“

Inspiration für die Osterwoche

Osterglaube und Osterzweifel – die Rückkehr ins Leben

Fasten und Ostern feiern ist eine Einübung von Tod und Auferstehung, von Sterben und Leben. Der Übergang von einem Zustand zum anderen geschieht ganz allmählich, obwohl er in der Osternacht scheinbar abrupt innerhalb von Augenblicken passiert. Die Osterfreude entsteht nur langsam – aus dem anfänglichen Erstaunen entwickelt sich die Freude, die allmählich das ganze Leben durchdringt: Singen, Tanzen, Essen und Trinken, Fröhlichkeit – alles kehrt nach der Fastenzeit zurück.

In der Osterwoche geschieht eine Art Hineinschleichen ins Leben, in die Fülle. Es tut dem Körper und der Seele nicht gut, wenn man nach dem Fasten sofort wieder normal isst und trinkt, sondern wenn man mit eher kleinen Schritten in den Genuss hineingeht.

Die Ostergeschichten erzählen immer wieder von dem großen gemeinsamen Mahl. Deshalb ist es gut, bewusst mit anderen Menschen am Tisch zu sitzen und das Essen in der Gemeinschaft zu genießen. Das Teilen des Brotes mit anderen wird in der Osterwoche zu einer großen solidarischen Erfahrung. Das gemeinsame Mahl gibt nicht nur dem Leib, sondern auch der Seele neue Kraft und wird zur Erfahrung, dass menschliches Leben und seine Entwicklung das gemeinsame Mahl brauchen. In der Feier der Eucharistie wird diese spirituelle Solidarität in ihrer höchsten Form erlebt.

In der Osterwoche erfährt der Mensch die Freude der Auferstehung. Es ist die Freude über das neu geschenkte Leben in Fülle. Aber es melden sich auch Zweifel: Ist es wirklich wahr, dass der Tod überwunden wurde? Spüre ich in mir die Verwandlung?

Die Heilige Schrift berichtet von den Emmaus-Jüngern, in denen nach der Auferstehung Zweifel aufsteigen, ob tatsächlich alles wahr ist, was sie hörten. Auch beim heiligen Thomas tauchten diese Osterzweifel auf.

Die Auseinandersetzung mit den Fastenerfahrungen und mit dem österlichen Neubeginn führt bei den

meisten Menschen zu solchen Zweifeln. Doch das ist kein Grund, beunruhigt zu sein.

Die Osterzweifel gehören zum „spirituellen Abfasten“.

Es ist hilfreich, dass man darüber mit anderen Menschen spricht, sonst verstrickt man sich in seinen eigenen Gedankenphantasien. Die Gespräche über Erfahrungen und Erlebnisse während des Fastens lassen nur allmählich die Zweifel, die den Menschen befallen, weichen – dann ist auch der neue Weg ins Leben möglich.

Die meisten Menschen sind nach dem Fasten wirklich verwandelt, weil sie an Leib und Seele gute, neue Erfahrungen für ihr Leben gemacht haben. Viele erzählen dann mit Begeisterung von diesen Erlebnissen und stoßen dabei – genau wie die Osterboten – auf Erstaunen, Kopfschütteln, manchmal sogar auf Ablehnung. Wie kann es auch sein, dass aus einem einfachen, natürlichen und normalen Prozess so viel Gutes, so viel neues Leben entstehen kann? Hier gilt eine Faustregel: Man kann mit niemandem Fasten- und Ostererfahrungen teilen, der sie nicht schon selbst einmal gemacht hat.

Nur wer solche Erfahrungen am eigenen Leib und an seiner Seele gespürt und erlebt hat, weiß, worum es bei Fasten, bei Tod und Auferstehung geht. Viele glauben nur der Waage und sind erleichtert über ein paar verlorene Kilos. Wesentlicher aber ist die Erleichterung der Seele, die keine Angst mehr vor dem Sterben und dem Tod haben muss.

Das öffentliche Leben Jesu begann mit einer Fastenzeit als Einübung in einen neuen Lebensabschnitt – und endete an einem Karfreitag oder an einem Ostermorgen mit der Auferstehung zu neuem Leben.

Richtiges Fasten will mehr als nur ein paar Kilos abzunehmen. Fasten mit Leib und Seele und den sich daraus entfaltende Wandlungsprozess schenken Zuversicht und Glauben an das Leben, das uns von Gott zugesagt ist. Der sicherste, schwerste, aber auch schönste Weg zu diesem Ziel ist ganzheitliches Fasten. Es endet mit einem großen Mahl und mit der Freude an einem neuen Leben.

Miteinander gehen und reden

Im Lukas-Evangelium wird berichtet, dass sich am dritten Tag nach dem Tod Jesu zwei Jünger auf den Weg nach Emmaus machten. Sie hatten von der Auferstehung gehört, zweifelten aber, ob die Berichte der Wahrheit entsprachen. Während die beiden miteinander über ihre Zweifel redeten, kam Jesus hinzu, ging und sprach mit ihnen. „Begreift ihr denn nicht? Wie schwer fällt es euch, alles zu glauben, was die Propheten gesagt haben. Musste nicht der Messias all das erleiden, um so in seine Herrlichkeit zu gelangen?“, fragte er und legte ihnen dar, was in der gesamten Schrift über ihn geschrieben steht.

Doch die Emmaus-Jünger erkannten Jesus nicht.

Erst als Jesus mit ins Haus der Jünger ging und mit ihnen das Brot teilte, wurden ihre Zweifel aufgelöst. „Da gingen ihnen die Augen auf, und sie erkannten ihn.“

Die Beendigung des Fastens und die Rückkehr ins Leben sind bei den meisten Menschen mit ähnlichen Zweifeln verbunden. Es wäre falsch, sich in solchen Situationen zurückzuziehen und sich den Kopf zu zermartern. Um die Zweifel zu überwinden, ist es sinnvoll, mit anderen Menschen Gespräche zu führen – das gemeinsame Reden ist ein guter Weg bei der Rückkehr zur Fülle des Lebens. Dazu gehört auch, miteinander zu essen und den Lebensweg mit all seinen Höhen und Tiefen anzuschauen.

Gebet

Gott, unser Vater, du schenkst mit der neuen Nahrung, mit dem neuen Feuer und mit dem neuen Wasser Zeichen des ewigen, unvergänglichen Lebens. Nimm deshalb unsere Freude und unsere Kraft, die in uns wiederkehrt, an und lasse sie wachsen. Darum bitten wir dich durch Christus, unseren Herrn.

Meditation

Da gingen ihnen die Augen auf

„Und als er (Jesus) mit ihnen (zwei Jüngern auf dem Weg nach Emmaus) bei Tisch war, nahm er das Brot, sprach den Lobpreis, brach das Brot und gab es ihnen. Da gingen ihnen die Augen auf, und sie erkannten ihn; dann sahen sie ihn nicht mehr. Und sie sagten zueinander: Brannte uns nicht das Herz in der Brust, als er unterwegs mit uns redete und uns den Sinn der Schrift erschloss? Noch in derselben Stunde brachen sie auf und kehrten nach Jerusalem zurück, und sie fanden die Elf und die anderen Jünger versammelt. Diese sagten: Der Herr ist wirklich auferstanden und ist dem Simon erschienen. Da erzählten auch sie, was sie unterwegs erlebt und wie sie ihn erkannt hatten, als er das Brot brach.“

Lukas-Evangelium, Kapitel 24, 30 - 35

Eine Fastenerfahrung

Gut motiviert

„Ich habe einen Winter mit vielen ‚Sterbethemen' hinter mir und bin jetzt innerlich auf Frühling eingestellt – auf neues Leben. Durch das Fasten bin ich richtig zum Leben motiviert – und ich habe viel guten Willen.“

Das leere Grab und Petrus

Die Petrus-Geschichte im Neuen Testament ist ein Symbol für Glauben und Unglauben.
Petrus hat Jesus in der Nacht vor der Kreuzigung dreimal verleugnet. Dann stirbt Jesus – und am dritten Tag wird er von den Toten auferweckt. Petrus sieht, dass das Grab leer ist – er wird konfrontiert mit dem lebenden Jesus.
Was muss in Petrus vorgehen, der vorher den auferstandenen Jesus dreimal verraten hat! Kann er tun, als wäre nichts geschehen? Nein – er stellt sich seinem Fehler. Allein, das Bedauern der Verfehlung macht sie nicht ungeschehen.
Auch der Fastende muss sich nach der Rückkehr ins normale Leben mit seinen früheren Schwächen und Schwierigkeiten auseinander setzen – wie Petrus.
Die Auferstehung an Ostern ist zwar eine Erlösung und gibt dem Menschen eine neue Perspektive für sein Leben, erspart ihm aber nicht die Auseinandersetzung mit seinen alten Fehlern und Problemen.
Aber er kann sein Leben, auch sein Versagen, aus einer anderen Perspektive betrachten.

Gebet

Großer, heiliger und gütiger Gott, du hast mich und die Menschen in dieser Zeit durch das Osterfest und die österlichen Geheimnisse befreit und bestärkt, bleibe bei uns in dieser Gnade und führe zu jener vollkommenen Freiheit, damit sich der Osterjubel, der uns heute erfüllt, in der Freude des Himmels vollende. Mach unsere Herzen fähig, immer diese Freude des kommenden Heils zu bewahren. Darum bitten wir durch Christus, unseren Herrn.

Übung

Schulden begleichen

Ich schreibe mir heute auf, welche Schulden und „offenen Rechnungen" ich in meinem Leben habe. Dazu gehören auch die geistigen Schulden: Beleidigungen von Menschen, ungerechte Behandlungen im Geschäft, Unterstellungen, Verleumdungen – meine „offenen Rechnungen" haben viele Namen.
Ich entscheide, welche Schulden ich begleichen werde.

Eine Fastenerfahrung

Essen bekommt mir gut

„Ich schleiche mich tatsächlich wieder langsam ins Essen hinein. Es bekommt mir gut. Allerdings nehme ich alles sehr, sehr bewusst in mich auf. Das ist eine wohltuende Nachwirkung des Fastens. Hoffentlich kann ich dieses bedächtige Kauen und Essen noch lange beibehalten."

Petrus und der reiche Fischfang

Nach den unfassbaren Ereignissen – der Tod Jesu am Kreuz und die Auferstehung am dritten Tag – gehen Petrus und die Jünger wieder zum Fischen, als wäre nichts geschehen. Sie fahren mit ihrem Boot auf den See hinaus, fangen in dieser Nacht aber nichts. Als sie zurückkehren, steht Jesus am Ufer, aber die Jünger erkennen ihn nicht. „Werft das Netz auf der rechten Seite des Bootes aus, und ihr werdet etwas fangen", sagt er zu ihnen. Sie fahren noch einmal hinaus und fangen 153 große Fische.

Jetzt erkennen sie Jesus.

Petrus springt ins Wasser – offenbar aus Scham über seinen Verrat. Ihm ist vermutlich bewusst geworden, dass sich für ihn eine Lebenswirklichkeit geändert hat: Er kann nach seinem Verrat an Jesus nicht einfach zur Tagesordnung übergehen, sondern muss sich mit seiner Verfehlung auseinander setzen. Das ist die Aufforderung, die Petrus beim reichen Fischfang erhält.

Diese Erkenntnis ist auch beim Fasten wichtig: Alte Konflikte und Fehler werden nach der Auferstehung mit der neuen Lebensperspektive nicht gelöscht, sondern sind dem Fastenden bewusst geworden – und müssen aufgearbeitet werden.

Gebet

Gütiger Gott, du schenkst uns nach der Fastenzeit die Zeit des Osterfestes, die Zeit der österlichen Freude. Führe uns durch die Erfahrung dieser Feier, die wir auf Erden begehen, zu jener großen Freude des Himmels, mach uns gesund an Leib und Seele, damit wir selber zu einer neuen Schöpfung werden. Darum bitten wir durch Christus, unseren Herrn.

Übung

Neue Lebenseinstellung

Gestern habe ich meine „offenen Rechnungen“ aufgeschrieben, die ich begleichen will. Heute geht es um meine neue Lebenseinstellung, ohne die ich die Schulden nicht abtragen kann.
Ich muss die Frage klären: Welche neue Einstellung brauche ich? Was muss ich in meinem Denken und Handeln verändern?

Eine Fastenerfahrung

Fasten schafft Raum

„In diesen Tagen wird mir bewusst, wie wichtig es ist, dass man in seinem Körper und in der Seele Raum schafft. Man muss leer werden, damit Neues Platz hat. Dass reduziertes Essen und Trinken den Körper reinigen und entschlacken, war mir immer klar – aber dass auch die Seele ‚aufgeräumt‘ wird, ist für mich eine neue, wunderbare Erfahrung.“

Verrat heilt durch Liebe

Nach dem reichen Fischfang, so schreibt das Johannes-Evangelium, aß Jesus gemeinsam mit den Jüngern. Dabei wandte er sich an Petrus, der ihn in der Nacht vor seinem Tod verleugnet hatte: „Liebst du mich?"

Welche Frage!

Jesus wollte von Petrus nicht wissen, warum er ihn dreimal verraten hat, sondern fragte: „Liebst du mich?" Jesus hielt Petrus nicht dessen Verfehlung vor, sondern fragte ihn nach seiner Grundhaltung. Er klagte nicht an, verteilte keine Schuld – er fragte nach seiner Liebe.

Die Liebe war für Jesus wichtiger als Verrat und Verleugnung.

Die Situation von Petrus lässt sich auch auf unser Leben übertragen. Der Fastende, der tiefe innere Erfahrungen gemacht hat, tritt vielleicht seinem Ehepartner gegenüber, der ihn betrogen hat – und setzt sich mit ihm an den Tisch. Wie geht man miteinander um? Ist der Mann oder die Frau fähig, nicht nach der Schuld zu fragen, sondern nach der Liebe?

Die Liebe heilt Fehler, Schwächen, Unvollkommenheiten – bei einem selber und bei anderen. Aus dem Fasten kann einem Menschen die Kraft erwachsen, um anderen nicht deren Schuld oder Schwächen vorzuhalten, sondern ihnen als liebender Mensch zu begegnen. Mit dieser Liebe kann man auch seine Gefühle heilen, die man oft genug gegen andere hegt.

Gebet

Gott, unser Vater, im neuen Leben, das wir im Osterfest empfangen, und im Zeichen und in der Erfahrung des Osterfestes schenkst du uns das Leben in Fülle. Gib uns Hilfe und Gnade zu aller Zeit. Stärke das Leben in uns und in den Menschen, damit wir alle diese Freude der Auferstehung nicht nur mit unserem Verstand, sondern auch mit unserem Herzen und mit unserem Leib erfahren.

Meditation

Das Wort des Auferstandenen an Petrus

„Als sie gegessen hatten, sagte Jesus zu Simon Petrus: Simon, Sohn des Johannes, liebst du mich mehr als diese (Jünger)? Er antwortete ihm: Ja, Herr, du weißt, dass ich dich liebe. Jesus sagte zu ihm: Weide meine Lämmer!"
Jesus wiederholte die Frage noch zweimal – und Petrus gab ihm die gleiche Antwort. Dann sagte Jesus zu Petrus:
„Als du noch jung warst, hast du dich selbst gegürtet und konntest gehen, wohin du wolltest. Wenn du aber alt geworden bist, wirst du deine Hände ausstrecken, und ein anderer wird dich gürten und dich führen, wohin du nicht willst." Das sagte Jesus, um anzudeuten, durch welchen Tod er Gott verherrlichen würde. Nach diesen Worten sagte er zu ihm: „Folge mir nach!"

Johannes-Evangelium, Kapitel 15–19

Eine Fastenerfahrung

Dankbarkeit

„Fasten kann ganz unvermutet wunderbare Gefühle erzeugen.
Heute empfand ich Dankbarkeit gegenüber Gott und den Menschen. Ich spürte in mir, dass Wunden heilen und dass ich alte Kränkungen loslassen kann. Dass diese Bewegung in mir geschieht, empfinde ich als große Erleichterung."

Festhalten und loslassen

Wer im Fasten die Erfahrung von Schmerz und Verzicht gemacht hat und von der Auferstehung hört, der sucht natürlich nach Beweisen für das neue Leben.

Maria von Magdala war nach dem Kreuzestod von Jesus ebenfalls auf der Suche nach Beweisen, ob Jesus wirklich auferstanden war. Als sie vor dem leeren Grab stand, glaubte sie, alles verloren zu haben. Sie wollte „ihren" Jesus wieder zu sich holen. Da erschien Jesus – und er sagte zu Maria Magdalena: „Halte mich nicht fest; denn ich bin noch nicht zum Vater hinaufgegangen." Und er trug ihr auf, die Botschaft der Auferstehung und des Lebens den Jüngern zu überbringen.

Nicht festhalten – dieser Grundsatz gilt für Beziehungen zu Menschen, zu Gegenständen und für alle Erfahrungen. Im Fasten macht der Mensch ebenfalls Erfahrungen, die er nicht festhalten soll. Er spürt sie, kann sie mit anderen teilen – und muss sie loslassen, wenn er ins Leben zurückkehrt. Wer meint, dass er seinen disziplinierten Tagesrhythmus und seine wunderbaren Erfahrungen nur beim Fasten erleben kann, haftet an dieser Vorstellung und wird häufig zu einem Fasten-Süchtigen, für den Fasten selber zum Ziel geworden ist – statt zu einem Weg ins Leben.

Gebet

Gütiger Gott, durch die Erfahrung der Auferstehung und des Osterfestes hast du mit uns einen Bund der Versöhnung gestiftet. Gib uns die Gnade der Einsicht, damit wir dies nicht nur mit Worten und Gedanken bezeugen, sondern unser ganzes Leben danach ausrichten. Lass uns mehr und mehr bereit sein, alles Leben verwandeln zu lassen durch den Tod und die Auferstehung, damit wir erkennen, dass durch das Leiden deines Sohnes, seine Auferstehung, die ganze Welt verwandelt wurde.

Meditation

„Halte mich nicht fest!“

Als Maria Magdalena das leere Grab vorfand und weinte, sagte sie zu den beiden Engeln:
„Man hat meinen Herrn weggenommen, und ich weiß nicht, wohin man ihn gelegt hat.“ Als sie das gesagt hatte, wandte sie sich um und sah Jesus dastehen, wusste aber nicht, dass es Jesus war. Jesus sagte zu ihr: „Frau, warum weinst du? Wen suchst du?“ Sie meinte, es sei der Gärtner, und sagte zu ihm: „Herr, wenn du ihn weggebracht hast, sag mir, wohin du ihn gelegt hast. Dann will ich ihn holen.“
Nachdem Maria Jesus erkannt hatte, sagte er zu ihr: „Halte mich nicht fest!“

Johannes-Evangelium, Kapitel 19, 11–17

Eine Fastenerfahrung

Banale Dinge

„Ich habe heute einen langen Spaziergang gemacht und dabei sehr bewusst auf alles geachtet, was links und rechts am Weg lag: kleine Steine, Blumen und Kräuter, eine leere Zigarettenschachtel, ein Holzkreuz, Schnecken und Käfer – eigentlich alles ganz banale Dinge. Aber dieses achtsame Wahrnehmen ist für mich eine ganz ungewöhnliche Erfahrung gewesen.“

Die Wunden zeigen

Die Thomas-Geschichte aus dem Johannes-Evangelium ist ein Beispiel für die Zweifel an der Auferstehung. Jesus erscheint nach seinem Tod den Jüngern, allerdings ist Thomas nicht dabei. Später berichten sie ihm, dass sie Jesus gesehen haben – doch Thomas glaubt es nicht. Er will ihn mit eigenen Augen sehen und mit seinen Händen begreifen. Acht Tage darauf erscheint Jesus wieder, zeigt die Wunden – und Thomas hat seinen Beweis. Jetzt glaubt er.

Jesus überzeugt den ungläubigen Thomas nicht mit einem pompösen Auftritt, der alle Zweifel an der Auferstehung hinwegfegt, sondern mit einer schlichten Geste: Er zeigt seine Wundmale.

Glaubwürdigkeit im Leben entsteht auf ähnliche Weise. Nicht durch pathetische Selbstdarstellungen wird Vertrauen gefördert, sondern durch den offenen Umgang mit den eigenen Wunden und Verletzungen. Im Fasten erfährt der Mensch seine Unvollkommenheiten, seine Selbstzweifel und erkennt, dass es nicht gut ist, sie zu verbergen – weder vor anderen noch vor sich selbst. Wer anderen Menschen gegenübertritt, soll nicht den Eindruck erwecken, er sei stark, perfekt, ohne Fehler. Menschen sind keine Roboter. Die eigenen Wunden zu zeigen, schafft Beziehung zum anderen – und Vertrauen. Auch Thomas kam zum Glauben, weil er die Wunden von Jesus sah und glaubte.

Gebet

Gütiger Gott, deine Liebe ist übergroß, dir vertraue ich mich an, in Freude, in Hoffnung und in Liebe. Dir vertraue ich die Menschen an, die mich in meinem Leben begleiten und begleitet haben. Wende dich uns allen voll Güte zu, bleibe bei uns in deiner Huld, damit wir einmal vom vergänglichen Leben auferstehen.

Meditation

Der Weg zu Gott

Wollen wir in seinem (Gottes) Reich und in seinem Zelt wohnen, dann müssen wir durch gute Taten dorthin eilen; anders kommen wir nicht ans Ziel.
Fragen wir nun mit dem Propheten den Herrn: „Herr, wer darf wohnen in deinem Zelt, wer darf weilen auf deinem heiligen Berg?"
Hören wir, Brüder, was der Herr auf diese Frage antwortet und wie er uns den Weg zu seinem Ziel weist:
„Der makellos lebt und das Rechte tut; der von Herzen die Wahrheit sagt und mit seiner Zunge nicht verleumdet; der seinem Freund nichts Böses antut und seinen Nächsten nicht schmäht; der den arglistigen Teufel, der ihm etwas einflüstert, vom Auge seines Herzens wegstößt, ihn zunichte macht, seine Gedankenbrut packt und sie an Christus zerschmettert."
Diese Menschen fürchten den Herrn und werden wegen ihrer Treue im Guten nicht überheblich; sie wissen vielmehr, dass das Gute in ihnen nicht durch eigenes Können, sondern durch den Herrn geschieht.

Aus der Regel des heiligen Benedikt

Eine Fastenerfahrung

Zum Leben kommen

„Fasten lehrt mich, zum Leben zu kommen und die Quelle zu finden. Die Quelle ist wahrscheinlich in meinem Herzen – und ist Gott. Er lässt die Sonne aufgehen über Gutem und Bösem.
Fasten zeigt mir, dass Gott mir das Leben schenkt. Die Laster kann man nicht alle ausrotten, sondern nur mäßigen. Ich kann kein Heiliger sein, aber es reicht mir, wenn ich ein halbwegs anständiger, aufrichtiger und freundlicher Mensch bin – und ich brauche mich meiner Wunden nicht zu schämen."

Das heilige Mahl

So verrückt es auch klingen mag: Fasten mit Leib und Seele hat das Ziel, dass der Mensch lernt, gut, gerne und mit Genuss zu essen. Dadurch unterscheidet es sich von allen anderen Fastenkuren.
Alle Religionen kennen das „heilige Mahl", bei dem der Mensch eine tiefe Erfahrung macht – mit sich selber, mit anderen und mit einer transzendenten Wirklichkeit. Das kann bei jedem Mahl geschehen, das bewusst mit Ehrfurcht, Dankbarkeit und Freude vollzogen wird, vor allem natürlich in der Gemeinschaft mit anderen Menschen. Das „heilige Mahl" kann ein Festessen zum Geburtstag sein, ein Versöhnungsessen, aber auch eine gemeinsame Brotzeit nach der Bergwanderung, ein einfaches Abendessen mit Freunden oder ein großes Festmahl an den Wendezeiten des Lebens – bei der Geburt und Taufe, anlässlich der Hochzeit oder beim Tod.
Im Christentum findet das „heilige Mahl" seinen Höhepunkt in der Feier der Eucharistie. Dieses gemeinsame Abendmahl ist eine wirkliche Erfahrung von Tod und Auferstehung.
Das Geheimnis des „heiligen Mahls" wurzelt in der Sehnsucht der Menschen nach Spiritualität, nach einer transzendenten Wirklichkeit, die wir Christen Gott nennen. Im „himmlischen Hochzeitsmahl", zu dem Gott die Menschen (nach ihrem Tod) einlädt, erfüllt sich diese Sehnsucht in ihrer höchsten Form.
Es ist das Ziel des ganzheitlichen Fastens, dass der Mensch sich auf Erden vernünftig ernährt – und dass er nach dem Fasten ein freudvolles, ausgeglichenes Leben führt. Fasten mit Leib und Seele ist keine Hungerkur, sondern ein Weg zu einem neuen Lebensrhythmus, der gleichermaßen dem Leib und der Seele gut tut: Der Mensch schwingt sich ein in den Rhythmus einer großen Schöpfungsordnung, in den Rhythmus Gottes, der uns Menschen das Leben in Fülle schenken will.

Gebet

Barmherziger Gott, durch die jährliche Zeit des Fastens und des Osterfestes erneuerst du unser Leben und unsern Glauben. Lass uns immer tiefer erkennen, dass wir durch diesen Weg gereinigt werden, durch deinen Geist und durch deine Liebe. Nimm deshalb mein ganzes Leben als Zeichen der Dankbarkeit, die ich dir in Liebe darbringe, durch Christus, unseren Herrn. Amen.

Meditation

Segen und Fluch – Leben und Tod

Den Himmel und die Erde rufe ich heute als Zeugen gegen euch an. Leben und Tod lege ich dir vor, Segen und Fluch. Wähle also das Leben, damit du lebst, du und deine Nachkommen. Liebe den Herrn, deinen Gott, hör auf seine Stimme und halte dich an ihm fest; denn er ist dein Leben. Er ist die Länge deines Lebens, das du in dem Land verbringen darfst, von dem du weißt: Der Herr hat deinen Vätern Abraham, Isaak und Jakob geschworen, es ihnen zu geben.

Buch Deuteronomium, Kapitel 30, 19–20

Eine Fastenerfahrung

Mehr Aufmerksamkeit im Alltag

„Beim Fasten habe ich gelernt, dass ich mich, die anderen Menschen, ja alles im Leben sehr viel bewusster beachten muss, als ich es bisher getan habe. Meine Rückkehr ins ‚normale' Leben verbinde ich mit dieser Erfahrung – ich sehe jetzt vieles anders: die Arbeit, die Menschen um mich herum, die Natur und die vielen scheinbar unbedeutenden Dinge, die man sonst im Alltag kaum beachtet.
Hoffentlich geht mir diese neue Grundeinstellung in der Tagesroutine nicht wieder verloren."